Abdelmumin Aya

EL SECRETO
DE MUHAMMAD

La experiencia chamánica
del Profeta del Islam

Numancia, 117-121
08029 Barcelona
www.editorialkairos.com

© 2006 by Abdelmumin Aya
   y de esta edición by Editorial Kairós, S.A.

I.S.B.N.: 84-7245-624-2
Depósito legal: B-20.737/2006

Primera edición: Mayo 2006
Para contactar con el autor: vicente_haya@yahoo.es

Fotocomposición: Beluga y Mleka, s.c.p. Córcega 267. 08008 Barcelona
Impresión y encuadernación: Romanyà-Valls. Verdaguer,1. 08786 Capellades

A Abdehalim Herbert,
esté sobre él la *rahma* de Al-lâh.

SUMARIO

Sumario

1. INTRODUCCIÓN: REVISIÓN URGENTE DE LA FIGURA DEL PROFETA MUHAMMAD

Hasta el día de hoy, el mundo occidental no está dispuesto a considerar al profeta Muhammad, en términos generales, un personaje digno de elogio. Sabiamente, afirmaba Cansinos Assens: «Si Mahoma no hubiera realizado su misión en el modo profético, sino como un político, un legislador o un guerrero victorioso, nadie le discutiría sus méritos».[1]

Más de mil ochocientos millones de personas viven actualmente con un único modelo de imitación: el profeta Muhammad. Una ingente comunidad humana que no debe nada a Sócrates, a Pablo de Tarso, a Lao Tsé o al Buda. Y, mientras el mundo amenaza con una gran confrontación a escala planetaria, Occidente aún cree que puede seguir avanzando en la Historia sin haber realizado los mínimos estudios serios sobre la personalidad del hombre que gestó ese universo cultural y social que es el Islam.

Pero, propiamente, este libro que ahora comienza no surge como reivindicación de la figura de Muhammad; ésa es una asignatura pendiente de la historiografía occidental, y Occidente debe aprender a conjurar por sí solo sus propios fantasmas. Este libro nace como parte del derecho de Muhammad a un retrato psicológico riguroso y honesto, como lo tienen Gandhi, Cesar Borgia o Akhenaton, al margen de la valoración positiva o negativa que de dicho retrato se derive.

Hay que empezar por darse cuenta de que ninguna otra figura histórica universal de fecha tan reciente presenta en el imaginario colectivo occidental rasgos de personalidad más desdibujados que el profeta del Islam. Muhammad, del que se ha dicho que fue «desfigurado por sus enemigos y transfigurado por sus seguidores»,[2] ha acabado volviéndose para la historia una entelequia.

Los enemigos del Islam han tergiversado y han mentido, pero nosotros –los musulmanes– hemos mitificado y no siempre hemos dicho abiertamente todo lo que sabíamos del Profeta Muhammad. Esto sucedió desde los comienzos del Islam. Poco después de la muerte del Mensajero de Al-lâh, paz y bendiciones sobre él, sus compañeros ya tenían conciencia de que era mejor callarse determinadas cosas. Abû Huraira, uno de sus más íntimos, afirmó que si se hubiera atrevido a desvelar la sabiduría interior que Muhammad le mostró le habrían aplicado la pena de muerte por impío. Y 'Abdul-lâh ibn 'Abbâs, otro de los compañeros del Profeta, ante la recitación de la aleya 65:12 («Al-lâh es quien ha creado siete cielos y otras tantas tierras...»), exclamó a la multitud en 'Arafât: «¡Oh gentes, si comentara ante vosotros este versículo tal como yo mismo se lo he oído explicar al Profeta, me lapidaríais!».

Los musulmanes hemos temido revelarlo todo de Muhammad, pero, aunque lo hubiésemos hecho, enfrente no había nadie para escucharlo inocentemente. Los especialistas al servicio de los intereses del cristianismo o del colonialismo, que ambos venían de la mano, no han querido darnos de Muhammad otra imagen que no fuera la del profeta sanguinario de la Guerra Santa, o el profeta de la lujuria, que elaboraba revelaciones al gusto de sus conciudadanos y de sus propias pasiones. Debemos forzarnos a admitir que no ha habido un auténtico interés entre la intelectualidad occidental en conocer y dar a conocer la figura del profeta Muhammad. Y ahora los occidentales se enfrentan con el importante obstáculo para su tranquilidad mental de que todo lo relativo al Islam es amenazante por el desconocimiento que tienen de él. Consultan a los arabistas buscando claves para comprender a los musulmanes, y la mayor parte de dichos arabistas sólo pueden presentar los prejuicios y los sarcasmos sobre el Islam con que hasta ahora se han ganado la vida.

El arabismo en España es la única especialidad académica a la que se permite despreciar el objeto último de su estudio. El Arabismo español, hasta ahora,[3] no ha sido más que una estrategia de frontera. Por eso los españoles no sabemos nada del profeta Muhammad. Dejamos pasar de largo la oportunidad de seguir la senda que marcó Alfonso el Sabio en el entendimiento entre las culturas. En la *Primera crónica general* leemos una somera descripción del Profeta que nunca más va a ser retomada en el panorama arabista español:

> Este Mahomet era omne fermoso et rezio et muy sabido en las artes a que se llaman mágicas, e en aqueste tiempo era él ya uno de los más savios de Arabia et de África.[4]

Para Alfonso el Sabio, "las artes mágicas" tenían el mejor significado de los posibles, identificándolas con sabiduría práctica, sanación y generosidad respecto a las necesidades sociales.

Desde entonces, nunca más en Occidente –que sepamos– se va a hablar de este modo de Muhammad. No deja de ser curioso el hecho de que la cultura occidental se haya abierto a otras formas de Conocimiento –algunas tan distantes de la racionalidad occidental como el animismo o el totemismo de los pueblos sin tradición escrita–, y sin embargo, salvo recientes y contadas excepciones que se dan dentro de una teología cristiana sinceramente ecuménica,[5] la consideración del público en general hacia el profeta Muhammad no se ha visto modificada: o fue un loco o fue un farsante. En el mejor de los casos, un farsante con buenas intenciones, que fingía en beneficio de su sociedad.

Por su parte, afortunadamente, parece que el Islam ha dejado de bailar al son de las modas culturales occidentales. Mientras se explicó a sí mismo en clave religiosa, destacando lo sobrenatural como núcleo de su mensaje, se le acusó desde Occidente de no haber gozado aún de un Siglo de las Luces y seguir anclado en la credulidad que precede al desarrollo de una hermenéutica. Cuando, como reacción, el Islam trató de exponer "científicamente" los acontecimientos excepcionales que aparecen en el Corán y los de la propia vida del profeta, el mensaje del Islam dejó de despertar interés en los no musulmanes. Y está bien que así sea, porque nosotros no podemos caer en el juego de adular a los occidentales para seducirlos a la conversión, maquillando el Islam según lo que dicte en el momento el *marketing* de las religiones. La Revelación coránica, Muhammad y el Islam son lo que son: fenómenos complejos, con contrastes, luces y sombras, y en último caso, fenómenos específicos que deben ser comprendidos tras una inmersión pausada y plena en su océano de posibilidades.

Y, a pesar de que en último término todo fenómeno humano es irreductible a otros fenómenos, puede servirnos para acercarnos a la realidad íntima del Islam la analogía con determinados procesos de índole espiritual que Occidente ya tiene estudiados, como los de las sociedades sin tradición escrita. Inútilmente, pues, forzamos desde un ecumenismo religioso paralelismos islamo-cristianos, siendo de naturaleza latina el cristianismo que ha prevalecido sobre los otros cristianismos, y el Islam, un fenómeno originalmente semita. El Cristianismo paulino es la madre del capitalismo occidental, mientras que el Islam es –como diría Guénon– puro "mundo tradicional" en clara confrontación con el sistema capitalista.

Los occidentales aceptamos que las culturales "tradicionales" han conseguido plasmar un contacto con pocas contaminaciones del hombre con lo sagrado que lo envuelve, y quizá por ello no se acaba de aceptar que el Islam pueda participar del prestigio de "lo tradicional", por más que –paralelamente–

se le acuse de "primitivo" y "poco civilizado". El Islam es, en la opinión general del occidental, la única forma primitiva de sociedad de la que no puede aprenderse absolutamente nada. Ninguna cultura, por rudimentaria que sea a nuestros ojos, ningún legado aborigen –esquimal, maorí, dogon, yanomami...– ha despertado menos interés que el Islam entre los occidentales. Tal vez, tras la lectura de este texto, nuestros conciudadanos acepten el hecho de que han negado al Islam la menor oportunidad de ser inteligible; y no digamos ya de explicarse a sí mismo.

A fin de ayudarnos a comprender la auténtica dimensión de la propuesta islámica, y liberarnos de prejuicios que nos han hecho perder de vista la verdadera fuerza telúrica del Islam, proponemos ahora a los occidentales estudiarlo desde la óptica del Chamanismo. Actualmente, los etnólogos y los antropólogos son más proclives a reconocer la realidad de la experiencia chamánica –su fuerza, su efectividad– que a negarla. Ya en los ámbitos académicos apenas se duda de la veracidad de la experiencia chamánica a lo largo de la Historia y del planeta. Después de miles de trabajos de fenomenólogos de la religión es difícil no considerar al chamán de una comunidad humana como el hombre de ese grupo más sensible a las energías sutiles de la existencia, y el único que es capaz de operar ciertos reajustes necesarios en esa sociedad basándose para ello en sus experiencias extáticas.

En este trabajo vamos a presentar –como si hasta ahora hubiera sido un perfecto desconocido para nosotros– al profeta Muhammad, al que vamos a ver revestido desde un principio de las características atribuciones de los chamanes, mostrando toda esa serie de acontecimientos de su vida que siguen fielmente el patrón estudiado por Mircea Eliade en el fenómeno chamánico. Hemos comprobado que se puede explicar la vida del profeta Muhammad sin necesidad de exigirle fe a nuestros lectores, y sin por ello interpretar los sucesos prodigiosos de ésta desde una lectura racionalista, que al fin y al cabo resulta

13

patética. Podemos, en definitiva, hablar de Muhammad con el tratamiento académico que se da en cualquier estudio de campo a un chamán del Amazonas o de Siberia: narrando los hechos que se nos cuentan con respeto, fidelidad y exactitud.

Una buena metodología de trabajo exigiría con carácter preliminar una definición operativa de "chamán". Hemos entendido en este trabajo que un chamán es alguien a quien su extremada sensibilidad no sólo no le ha llevado a la ruina, sino que le ha dado la posibilidad de moverse en un espacio mental y físico más amplio. La clave de su transformación en chamán es que haya sabido controlar el caudal de experiencia que le llegaba a través de los sentidos –esa experiencia intensa del mundo– y adueñarse de niveles de realidad que se le escapan al hombre normal. La serie de vivencias que le ha sido dado experimentar –como los ascensos celestes, los viajes infernales, el descuartizamiento, las visiones, la interlocución con seres de naturaleza sutil, etcétera– han sido la prueba de que resistía esos niveles sobreañadidos de realidad que enloquecerían a sus congéneres. No son las vivencias extraordinarias las que le convierten en chamán, sino el hecho de haberlas sabido transformar en algo beneficioso para su sociedad. Un chamán es, ante todo, un hombre con una función social: es el encargado de la curación, el de la restauración del orden social, el de la proyección trascendente de la vida cotidiana... Un chamán no es un brujo. En todo caso, aunque la denominación se queda corta, es un hombre-medicina. Pero también es «el que sabe», «el que experimenta la existencia hasta el fondo», «el que organiza míticamente su pequeña sociedad tradicional».

En este libro, el concepto "chamanismo" se ha tomado, pues, en un sentido amplio. Para que exista "experiencia chamánica" no estimamos necesario el empleo de una técnica determinada (en esto nos separamos del criterio de Mircea Eliade), ni entendemos que deban tratarse como categorías psicológicas separadas la del hombre que sufre el arrebato espontáneo y la del que emplea una técnica específica de éxtasis.[6] El arrebato esponáneo incita a la búsqueda de técnicas de éxtasis, del mismo modo que estas técnicas contribuyen a facilitar un tipo de conciencia que asuma el trance con la naturalidad de la vida diaria. Un hombre insensible no puede transformarse en chamán por mucho aprendizaje que logre obtener, mientras que alguien que es adiestrado en unas técnicas, si no ha sido objeto de una elección divina, no podrá llegar muy lejos. Cuando el fenomenólogo de la religión divide entre ambos tipos humanos –el místico extático y el chamán profesional– demuestra hallarse muy lejos de una comprensión del fenómeno desde dentro.

Tendremos, somos conscientes *a priori*, que salvar las reticencias no sólo de los especialistas occidentales en el hecho religioso o de los arabistas, que hasta ahora han permanecido mudos en esta cuestión. También la clara oposición de los musulmanes. Con gusto, muchos musulmanes sustraerían a Muhammad la condición de chamán. Porque los que lo son de nacimiento (y provienen de un ámbito tradicional) identifican el chamanismo con la brujería, mientras que los musulmanes conversos relacionan erróneamente lo chamánico con el uso de psicotrópicos.[7]

Pero lo cierto es que sólo cuando llegamos a Muhammad-chamán el Islam deja de ser un fenómeno árabe, un fenómeno semita o –todo lo más– mediterráneo, y se universaliza.

2. PARA MUHAMMAD
TODO ESTABA VIVO
Y TODO TENÍA SENSIBILIDAD

Sin asumir el carácter chamánico de Muhammad, hay una gran cantidad de hadices que quedan incomprensibles. Por ejemplo, aquellos en que constatamos que el Profeta tenía una relación especial –íntima– con las cosas materiales. Hay hadices que hablan de la extraordinaria delicadeza de Muhammad con todo lo que lo rodeaba. Y llegó a hacerse tan sensible que era capaz de captar cada movimiento, cada alteración, cada gesto en lo que sucedía a su alrededor, penetrando así de una forma privilegiada en el mundo espiritual de todas las cosas. Muhammad *rasûlul-lâh* (Mensajero de Al-lâh) sin duda tuvo esta capacidad, o de lo contrario el Islam no sería lo que es. *Rasûl* o *Nabî* alude a una persona que es capaz de comunicar un mensaje porque está comunicada con todo lo que existe gracias a una sensibilidad extraordinaria. Él no era un filósofo o un teólogo que considerara que las cosas estuvieran dotadas de alma, pero sí de una magia especial, de un carácter propio de cada una de ellas..., de algo para lo que no acabamos de encontrar un nombre: la palabra "alma" es insuficiente y la palabra "personalidad" nos extraña usarla para un sujeto no animado.

Por ejemplo, es muy reveladora la costumbre que tenía de ponerle nombre a todo... No se puede mantener una relación personal con algo que carece de nombre. Desde luego todos sus animales tenían sus nombres,[8] pero incluso los objetos –sus turbantes, sus espadas– tenían nombres propios... También nos sorprende que hablara con las cosas. Se sabe que mantenía conversaciones con objetos, con las piedras, con los troncos. Incluso hubo gente que dijo haber escuchado las respuestas de las cosas a las palabras del Profeta en estas conversaciones que mantenía con ellas. Si Muhammad no hubiera sido así, no habría sido profeta, porque ser profeta es prestar la palabra humana a todas aquellas criaturas que se expresan sin palabras, con su mero *estar ahí*.

Cómo el Profeta amaba las cosas materiales ha quedado reflejado en hadices. En uno de ellos se nos narra cómo estando sobre la montaña Uhud ella tembló, y el Profeta le dijo: «Estate quieta porque yo te quiero igual que tú me quieres». Que el pequeño temblor acabase es normal, no estamos diciendo necesariamente que él la tranquilizase, pero se conserva el hadiz entre los musulmanes como prueba, no del poder de Muhammad, sino de su capacidad de relacionarse con las cosas aparentemente menos dotadas de alma.

Nos ha llegado un hadiz en el que Muhammad se dirigió a la Luna llena y le dijo *rabbî wa rabbuka Al-lâh* (Mi Señor y tu Señor es Al-lâh), mientras que en otro se nos dice cómo había que guardar una cuerda: «Si quieres guardar una cuerda, hazlo sin dejar nudos. No la molestes mientras duerme». Y en otro más se nos habla de cómo escuchaba el lamento de las cosas. Tenemos dos versiones de aquel en el que Muhammad abrazó a un *minbar*[9] que estaba llorando:

VERSIÓN 1

Nos transmite Ŷâbir que cuando el Profeta pronunciaba su *jutba* se subía a un tallo de palmera cortado. Cuando el púlpito estuvo preparado para él, el Mensajero se puso de pie sobre él. El tallo de la palmera empezó a lamentarse en voz alta y a llorar amargamente por haber sido cortado. El Profeta se bajó de su púlpito y lo acarició y lo abrazó. Fue entonces cuando el *minbar* empezó a gimotear como un niño y poco a poco volvió al silencio.[10]

VERSIÓN 2

En los primeros meses de estancia en Medina, el Profeta se apoyaba en el tronco de una palmera cuando decía la *juṭba* en la mezquita. Más tarde, un carpintero le hizo un *minbar*. Cuando el Profeta se sentó por primera vez en el *minbar*, todos los que estaban presentes oyeron las lamentaciones que venían del tronco de la palmera abandonado. El Profeta descendió del *minbar*, acarició el tronco que poco a poco cesó de lamentarse a imitación de un niño tranquilizado. Entonces, el Profeta le preguntó: «Si tú quieres, continuaré apoyándome en ti en mis *juṭbas*; pero si lo prefieres te plantaré en el Paraíso». El tronco prefirió ir al Paraíso.[11]

Esta serie de características nos van a llamar la atención desde una perspectiva chamánica, pues como dejó consignado Mircea Eliade respecto al chamán tungús:

> durante su trance comprende el idioma de toda la naturaleza.[12]

Se han transmitido hadices en los que se nos cuenta cómo Muhammad hablaba con los camellos, y cómo éstos se quejaban del mal trato que sus dueños les estaban dando:

> […]. Cuando el camello lo vio comenzó a hacer ruidos guturales y apoyó la parte delantera de su cuello en la tierra. El Profeta fue a su lado y dijo: «¿Dónde está el dueño de este camello? […]. [El camello] se me ha quejado de que le exigen trabajar en exceso y que está mal alimentado».[13]
> […]. Cuando el camello vio al Profeta emitió un sonido y sus ojos comenzaron a lagrimear. El Profeta se le acercó y lo acarició entre su joroba y sus orejas, y entonces se tranquili-

zó. Luego dijo: «¿Quién es el dueño de este camello? [...]. [El camello] se ha quejado ante mí de que estás haciéndole pasar hambre y agotándolo».[14]

Toda la Naturaleza habla, pero sólo los chamanes son capaces de oír su lenguaje. Cuando Muhammad se encontraba lejos de Meca por sus negocios, en los valles donde no había casa ni ánima viviente, todas las veces que pasaba cerca de un peñasco, o de un árbol, una voz le decía:

> «La paz sea contigo, Oh Mensajero de Al-lâh.» Y el Mensajero se volvía hacia su derecha, hacia su izquierda, miraba detrás de él y no veía nada más que árboles y peñascos. Y se quedaba así, de pie, mirando y escuchando tanto tiempo como le complacía a Al-lâh.[15]

Una tradición que se remonta al primo del Profeta, 'Alî, da cuenta de que este hecho era normal en la vida de Muhammad:

> Yo iba caminando con el Profeta por Meca. No había montaña o árbol con que nos encontráramos que no dijera: «Paz a ti, oh Mensajero de Al-lâh».[16]

Y ni siquiera parece que esta condición suya fuese por efecto de la Revelación, pues contaba el Profeta:

> Conozco una roca en Meca que, ya antes de recibir mi misión, me saludaba. Todavía ahora sabría decir cuál es.[17]

Tal vez por esa comunicación que Muhammad tenía con todo, la Tradición ha hablado de los testimonios de los árboles respecto de la autenticidad de Muhammad. Dârimî y Tirmidzî recogen tradiciones, las cuales se remontan a Ibn 'Abbâs, Anas e Ibn 'Umar, que cuentan cómo los árboles se desarraigaban y venían a dar testimonio de Muhammad cuando algún beduino incrédulo cuestionaba su misión. Conviene aclarar que no estamos gravitando en torno al mundo teológico del milagro, sino que nos hallamos de pleno en el mundo mágico de la percepción muhammadiana, que impregnaba a los que lo rodeaban.

En la Revelación muhammadiana, todo tiene vida y todo cobrará esa vida que tiene cuando la realidad no se oculte más a nuestros ojos. La Peregrinación, las abluciones, el ayuno del Ramadán, el Recuerdo de Al-lâh, las lágimas que derramamos por conciencia de Al-lâh…, todo mostrará –cuando llegue el momento– la vida que tiene.[18] Las realidades menos individuadas aparecen dotadas de personalidad y de vida. Por ejemplo, el "vínculo entre los hermanos" (*rahim*)[19] o el Paraíso (*ÿanna*).[20]

En el Paraíso, en la *Ÿanna*, los hombres y las mujeres recuperaremos el don de la comunicación universal que nos fue dado al principio de los tiempos, y que logran los chamanes cuando retornan a su *fitra*, a su estado primordial, porque todo en la existencia tiene la capacidad de expresarse. Cada cosa se expresa –con unas palabras secretas para la mayoría de los hombres– porque Al-lâh le dio junto con la existencia esa posibilidad:

> Kuzair ibn Murra oyó decir al Profeta: «La nube pasa junto a los habitantes del Paraíso y les dice: "¡Oh gente del Paraíso!, ¿qué queréis que os haga llover?", pero estos no desean nada sino lluvia».[21]

Personalmente, no sé qué me emociona más, si la capacidad de la nube de hablar con los hombres de la *Ÿanna,* o la respuesta de ellos. No quieren que haga llover más que lluvia. El hombre que ha vuelto a su inocencia primigenia es el hombre que desea que las cosas sean tal como son.

Todo, absolutamente todo, tiene capacidad de palabra, porque el Corán es palabra y se halla en todo. Los árboles, por ejemplo, también son "palabra":

Abû d-Dardâ' oyó que el Profeta dijo: «Al-lâh lanzó un soplo a los árboles del Paraíso cuyas ramas se agitaron exaltando, loando y alabando a Al-lâh, de una forma más hermosa que los sones de las flautas».[22]

El mismo Corán recoge esta capacidad de las cosas por "alabar a Al-lâh" (en árabe, propiamente, no es "alabar" sino "hacer la acción del *hamd* o del *subhân*").[23] Los árboles, las montañas hacen *subhân* a Al-lâh (38:17) y todas las cosas están en permanente *hamd*:

> Sin excepción –dice el Corán–, todo lo que hay en el cielo y en la tierra hace *hamd*, pero vosotros no podéis entender su *hamd*.[24]

Muhammad sí podía entender las palabras de todo lo existente. Incluso sabemos los musulmanes por el Mensaje de Muhammad que las partes del cuerpo han recibido la capacidad de hablar:

> Más tarde se encuentra [Al-lâh] con una tercera persona y le pregunta lo mismo que a los anteriores, a lo que este siervo [mintiendo] le contesta: «*Yâ*, mi Señor, he creído en ti y en tu Libro, en tus profetas, he hecho las postraciones [*salâ*], he cumplido con el ayuno en Ramadán, he dado limosna *(sadaqa)*», y sigue de este modo contando cosas buenas (que dice haber hecho). (Entonces, Al-lâh) le interrumpe: «Cesa (de hablar)», y se le comunica: «Ahora traeremos a quien testificará en tu contra». Piensa el hombre para sí: «¿Quién podrá ser ése que sobre mí dé un testimonio que pese más que mis propias palabras?». Se le cierra la boca, y se ordena a sus muslos, a su carne y a sus huesos: «Hablad». Y hablan sus muslos, su carne y sus huesos de lo que hicieron, y ante esto aquel hombre se queda sin argumentos para defenderse. Éste es el hipócrita, y Al-lâh es el que le maldice.[25]

En dos ocasiones el Corán cita este mismo hecho:

> El día en que les cerremos sus bocas y nos hablen sus manos y testifiquen sus pies, de lo que estaban haciendo.[26]

> Hasta que, cuando lleguen a él sus oídos, sus ojos y su piel sean testigos contra ellos por lo que estuvieron cometiendo. Y ellos dirán a sus pieles: «¿Por qué presentáis testimonio contra nosotros?». Y ellas dirán: «Al-lâh nos ha hecho hablar como ha hecho que todas las cosas hablen».[27]

Al-lâh ha hecho que todas las cosas hablen. ¡Qué aleya más tremenda! Este versículo es *Muhammad rasûlul-lâh* en sí mismo. Pero no tenemos capacidad de ver al Mensajero de Al-lâh, hasta que seamos arrojados como una flecha hacia Muhammad. La experiencia misma de Muhammad es el Todo comunicando sin cesar sus avatares. Lo que nos rodea, los seres vivos, nuestras manos, nuestras cosas, las ropas que nos visten, el tiempo en que realizamos nuestros actos, los lugares en los que estamos y donde actuamos…, todo se está continuamente comunicando con nosotros, y todo ello hablará de nosotros un día.

Desarrollando esta idea, escribe Ali González en *Islam para ateos*:[28]

> También los lugares donde actuamos serán testigos a nuestro favor o en nuestra contra. El sitio no es indiferente. Cada sitio tiene su secreto. Cada lugar es el Ojo y el Oído de Al-lâh. Hago ver y oír a Al-lâh lo bueno que hay en mí cuando hago *salâ* en un sitio. Pero si haces algo malo en un sitio, no lo abandones sin hacer antes algo bueno. Tras una acción nefasta ilumina el lugar a tu favor. Nuestra presencia colma los sitios. Es como si todo estuviera vivo… ¡Es que todo está vivo! Si no captamos lo vivo en cada cosa, no llegamos a estar en *tauhîd* [unicidad de Al-lâh]. Al-lâh es pura presencia: el mundo es sagrado. El Islam es lo que se quiera excepto per-

der el sentido mágico de las cosas. A las cosas se las soborna con el bien. Si con unas ropas hiciste algo malo, no te desvistas antes de hacer con ellas algo bueno. Bendice las cosas, ilumínalas, asume que viven... ¿Cómo? Tratándolas como los testigos que serán de tus acciones. Que el recuerdo que cada cosa y cada lugar tenga de ti te sea favorable ante tu Señor. La presencia de las cosas y mi presencia en el mundo se urden en forma de *tauhîd*. Es esta inequívoca sensación la que tienen los musulmanes de la Presencia de Al-lâh

Y no es de extrañar esta *'ubûdîya* (sometimiento) de los lugares a su Señor en el Día del Juicio, porque la tierra no es menos que el hombre: la tierra vive y recibe la Revelación, el *wahy* de Al-lâh:

> En ese día, [la tierra] contará sus noticias por el hecho de que tu Señor le ha dado una Revelación [*bi-anna rabbaka auhà lahâ*].[29]

A nosotros no nos sorprende tanto esta naturaleza muhammadiana de comunicación universal con los seres porque tenemos noticia de otros hombres con estas mismas capacidades. Por ejemplo, sabemos por Martin Buber que

> En cierta ocasión un *tzadik* que iba de camino con sus *jasidim* se detuvo en la casa de un judío para celebrar el *shabat*. Era una casa maloliente y se fueron de ella a buscar otro sitio. A mitad de camino el *tzadik* dijo que debían volver a la casa porque «los muros de esa casa le estaban convocando a juicio por haberlos avergonzado públicamente». Y en otra ocasión, un tzadik convocó a una mesa como testigo a su juicio personal tras esta vida.[30]

La tradición judía nos transmite asombrosas historias de *tzadikim*, como aquella en la que uno supo de la tristeza de un carpintero durmiendo en la cama que había fabricado. Del mismo modo, a Muhammad las cosas mismas le hablaban de su naturaleza interior. Se cuenta que alguien le invitó a comer y, al probar la comida, dijo: «Esta carne de cordero ha sido cogida sin el permiso de su dueño».[31] Y en otra ocasión una pierna asada de cordero le hizo saber que estaba envenenada.[32]

Muhammad era consciente de que esa sensibilidad no le era exclusiva. Pudo comprobar que algunos animales, por ejemplo, captaban los gemidos de los muertos en las tumbas:

> El Profeta dijo: «Cuando un moribundo muere, lanza un chillido que percibe todo animal que esté a su lado, pero no así los hombres, que si lo oyesen se desmayarían».[33]

Nosotros tenemos ciegos determinados ojos y taponados determinados oídos. Muhammad era consciente de que en él estaban absolutamente abiertos. Por eso, la espiritualidad islámica que tiene por modelo al profeta Muhammad es el intento de avivar esa sensibilidad que te implica con el mundo. No es que Muhammad sea modelo de una "actitud ecológica" de vivir, sino que su espiritualidad es un ejemplo que hay que seguir para llegar a esa conciencia mediante la cual nuestras relaciones con las cosas nunca serán artificiales. Se trata de haber seguido un proceso espiritual en el que se entra en comunicación con la realidad que hay en cada una de las cosas, y sólo así llegar a trenzar y desatar los lazos invisibles que vinculan a los seres. Si hay algo que aprendemos de la experiencia de Muhammad, es que el mundo no es objetual sino relacional. Y toda relación es un Nombre de Al-lâh.

3. ANÁLISIS DE LOS ACONTECIMIENTOS CHAMÁNICOS DE LA VIDA DEL PROFETA (I): LA APERTURA DEL PECHO (*SHAQQ AS-SADR*)

De entre los relatos más claramente chamánicos de la vida del profeta Muhammad, el primero que se dio en el tiempo nos llega como un recuerdo de la infancia contado de varias formas en unas tradiciones y en otras, pero esencialmente el mismo:

VERSIÓN 1

Encontraron a Muhammad sentado en la cima de una colina; estaba totalmente tranquilo, pero en su rostro tenía el color siniestro del polvo al que todos debemos regresar. Lo abrazaron tiernamente y lo llenaron de preguntas: «¿Qué tienes, hijo? ¿Qué te ha sucedido?». «Mientras vigilaba a los corderos pastando —respondió— *vi aparecer dos formas blancas que tomé al principio por dos pájaros grandes* (elemento 1); luego, estas formas se acercaron rápidamente y comprendí mi error: eran dos hombres vestidos con túnicas de un blanco cegador. Uno dijo al otro señalándome: "¿Es él?". "Sí, es él" (contestó el segundo). Mientras estaba inmovilizado por el miedo, *me cogieron, me arrojaron al suelo* (elem. 2) y *me rajaron el pecho* (elem. 3); entonces, quitaron de mi corazón un coágulo negro que arrojaron lejos; luego volvieron a cerrar mi pecho y desaparecieron como fantasmas».[34]

VERSIÓN 2

El *Nabí* dijo: «Salí del campamento con mis hermanos de leche y, cuando nos alejamos, he aquí que aparecieron tres hombres que se dirigían hacia nosotros llevando un recipiente lleno de hielo. Me agarraron, y cuando los demás muchachos vieron esto sintieron miedo y salieron huyendo. Pero al poco volvieron, y dijeron: "Ése al que habéis atrapado no es de los nuestros, es el hijo de un noble de Quraish, un gran hombre.[35] No le causéis ningún daño. Si tenéis que matar a alguien, coged a cualquiera de nosotros en su lugar". Pero se negaron a aceptar ningún rescate por mí.

»*Me cogieron con fuerza y me tumbaron* (elem. 2) suavemente sobre el suelo. Uno de ellos *me abrió desde el pecho hasta debajo del ombligo* (elem. 3). *Yo veía lo que me hacían pero no sentí ningún dolor* (elem. 4). *Sacó mis entrañas* (elem. 5) y las lavó con mucho cuidado con la nieve que traían y después las devolvieron a su lugar. *Otro introdujo sus manos en mi pecho* (elem. 5) *y sacó el corazón* (elem. 6), *mientras yo miraba* (elem. 4). Lo abrió y sacó de él un coágulo negro y lo tiró lejos. Después, no sé cómo, sacó un sello de luz que arrebataba la visión a quien lo mirase, y con él marcó mi corazón –que se llenó de luz, de percepción y de fecundidad–. *Me devolvió el corazón a su sitio* (elem. 7) y durante mucho tiempo yo seguí sintiendo el frescor de ese sello. Se levantó el tercero y ordenó a sus compañeros que se apartaran, y puso su mano en mi pecho *y la herida cicatrizó* (elem. 7) con el permiso de Al-lâh. Me cogió de la mano y suavemente me puso en pie. Y el primero de ellos dijo: "Pesadlo en la balanza de Al-lâh, y poned en el otro platillo a cien de los de su nación". Así lo hicieron y yo pesé más. Después dijo: "Pesadlo ahora junto a mil de los de su nación". Y yo pesé más. Entonces dijo: "Dejadlo, aunque lo peséis junto a toda su nación prevalecería su platillo". Los tres se levantaron y me abrazaron, y me besaron en la frente y entre los ojos, y me dijeron: "*Ḥabîb* [Amado], no te asustes. Si supieras todo el bien que se te desea se te alegrarían los ojos"».[36]

Como puede verse, en ambas versiones, estamos ante la clásica experiencia chamánica del descuartizamiento. La entraña del chamán es expuesta a ojos vista, y esta experiencia le lleva a conocer la muerte. Ve su propio interior (habitualmente, su esqueleto, en otros casos, sus entrañas y su corazón). Tras su "muerte ritual" es resucitado de nuevo.

Del suceso tenemos versiones de todos los gustos, antiguas y modernas. Las versiones cambian, se cristianizan (cuando se pretende que lo que se sacó del pecho del Profeta como coágulo negro fue el pecado original), se tornan poéticas (cuando se nos dice que se le rasgó el pecho «con un cuchillo de fuego»),[37] o visionarias (cuando se cuenta que una vez lavado su pecho fue convocada la divina *sakîna* «que es semejante a la cara de un gato blanco» para hacerla entrar en su corazón). Pero lo que nos cuenta la tradición es básicamente lo que hemos mencionado. Su "historicidad" es completamente indemostrable. Más aún para aquellos que argumentan que pudiera haber sido un plagio profético de la historia que contaba el poeta Umayya ibn Abî s-Salt, quien decía que un ÿinn con forma de buitre le había hendido el pecho y le había introducido en él el genio poético.[38] Como otros que defienden que toda esta historia es una interpretación material del versículo «¿No hemos distendido tu pecho...?» (94:1). Lammens llega a afirmar que nada se sabe cierto de la vida del Profeta y que toda la *Sîra* es un desarrollo haggádico de algunas aleyas del Corán, una especie de gran *midrash*.

Tras nuestra investigación hemos concluido que no va a haber ni un solo elemento del posible chamanismo del Profeta que éste no haya podido plagiar de alguna parte. Ni un solo dato que nos obligue a creer en la palabra desnuda de Muhammad. Deberemos, pues, hacer acopio de todo el material disponible y tomar finalmente una opción a favor o en contra de la sinceridad de Muhammad.

Para un mejor estudio de la cuestión, hacemos a continuación un análisis pormenorizado de algunos rasgos propios de la experiencia chamánica de Muhammad, comparándola con las de chamanes de otros lugares. Los aspectos de que se compone esta experiencia del Profeta son básicamente los siguientes:

Elemento 1 El mensajero alado
Elemento 2 Violencia de los mensajeros celestes
Elemento 3 La apertura del pecho
Elemento 4 El mismo chamán, testigo de la operación
Elemento 5 El urgamiento en las entrañas
Elemento 6 El corazón, como víscera que se toca
Elemento 7 El cerramiento de la herida

A continuación veamos algunos textos chamánicos, y así podremos determinar si hay substanciales diferencias con el relato de Muhammad:

TEXTO 1
En el *Zâtspram* se habla de la iniciación de Zaratustra por los Amahrspand; entre otras pruebas, «se vertió metal fundido sobre su pecho, y allí se enfrió», y «fue cortado su cuerpo con cuchillos; apareció el interior de su vientre, corrió la sangre, pero luego él pasó la mano y fue curado».[39]

TEXTO 2
Los chamanes siberianos son, la mayoría de las veces, "escogidos", y *asisten pasivamente a su propio despedazamiento*, acto que practican unos seres míticos.[40]

TEXTO 3
Según otros informes de origen yakute, los malos espíritus transportan el alma del futuro chamán a los infiernos y allí la encierran en una casa por espacio de tres años (o de un año solamente, cuando se trata de neófitos que serán pequeños chamanes). Allí el chamán sufre su iniciación: los espíritus le cortan la cabeza –*porque el candidato debe ver con sus propios*

ojos cómo lo despedazan–, después lo hacen trizas y distribuyen sus pedazos entre los espíritus de las diversas enfermedades. Sólo con esta condición el futuro chamán obtiene el poder de curar. Enseguida cubren sus huesos con carnes frescas y, en determinados casos, le procuran también una sangre nueva.[41]

TEXTO 4
El coronel Collins (que publicó sus impresiones en 1798) cuenta que en las tribus de Port Jackson se venía a parar en hombre-médico si se dormía sobre una tumba. «El espíritu del muerto acudía, lo agarraba por el cuello, lo abría en canal, le quitaba las vísceras, se las cambiaba, y la herida cicatrizaba por sí misma».[42]

TEXTO 5
Antaño (entre los yakutes) repetíase tres veces la ceremonia durante la cual el chamán era descuartizado. Otro chamán, Petr Ivanov, nos informa más extensamente de esta ceremonia: los miembros del futuro chamán son desgajados y separados con un garfio de hierro; se le mondan los huesos, se le rae la carne, se tiran todos los líquidos de su cuerpo y se le arrancan los ojos de las órbitas. Después de esta operación se juntan y se unen con hierro todos los huesos.[43]

TEXTO 6
Los viejos manang llevan al neófito a una habitación aislada por cortinas. «Allí –según ellos afirman– le cortan la cabeza y le quitan el cerebro; después de lavarlo, vuelven a ponérselo en su sitio con el fin de procurar al candidato una inteligencia límpida que pueda penetrar en los misterios de los malos espíritus y las enfermedades...».[44]

TEXTO 7
(A.P. Elkin relata que en Australia existe cierto ritual iniciático en el cual) uno de los seres sobrenaturales "mata" al

candidato, procediendo a continuación a determinadas operaciones quirúrgicas sobre el cuerpo exánime de aquél: el espíritu o "héroe del tiempo del sueño" le hace una incisión ab-
dominal, le retira los intestinos y los sustituye por otros
nuevos, añadiendo ciertas sustancias mágicas.[45]

TEXTO 8
El que desea (entre los Mara) ser hombre-médico encien-
de una hoguera y quema grasa; así atrae a dos espíritus, Mi-
nungarra. Éstos se aproximan y animan al candidato, asegu-
rándole que no lo matarán del todo. «En primer término lo
dejan insensible, y, como de costumbre, le hacen una corta-
dura en el cuerpo y le quitan los órganos, que le cambian por
los de uno de los espíritus. Después le devuelven la vida, le
dicen que él es ahora hombre-médico, le enseñan cómo se ex-
traen los huesos a los pacientes o cómo se libra a los hombres
de los sortilegios, y luego lo llevan al Cielo. Por último, lo hacen bajar y lo dejan en el campo, donde le encuentran los amigos que lo lloraban… Entre los poderes que posee el hombre-
médico de la tribu Mara figura el de poder escalar –con la
ayuda de una cuerda invisible para el común de los mortales–
el Cielo, donde puede conversar con los espíritus siderales.»[46]

En este último texto vemos que se vincula el tema del Descuartizamiento al del Viaje Celestial. También es éste un dato de
la biografía espiritual del profeta Muhammad que veremos a su
tiempo. Sigamos, por ahora, intentando hacer un desarrollo me-
tódico de algo cuyo tratamiento académico se nos resiste.

4. ANÁLISIS DE LOS ACONTECIMIENTOS CHAMÁNICOS DE LA VIDA DEL PROFETA (II): EL MODO DE LA REVELACIÓN

Al contrario que la experiencia del Descuartizamiento, que parece que fue puntual (aunque quizá repetida en varios momentos de su vida, en todo caso, excepcional), la Revelación fue una vivencia *quasi* cotidiana durante la última parte de la vida del Profeta. Una Revelación en la que reconocemos, además de los rasgos propios de los raptos chamánicos, muchos elementos que son una constante en la literatura de éxtasis. Por ejemplo, el miedo del ser humano a lo que está ocurriendo.

En la experiencia de Muhammad no sólo se da este "terror angélico" (al que más tarde se referirá Rilke) sino también la sospecha del Profeta de estarse volviendo loco. El Mensaje coránico que lo tranquiliza –«[…] descenderán los *malâ'ika*: ¡No temáis ni os aflijáis!» (41:29)– no es inmediato, como le sucede a Mariam, a la que se le dice antes que nada «Ne timeas». Todo para Muhammad va a ser más áspero, más seco, más de desierto. Es Jadîÿa la que cumple la función del ángel de calmar a Muhammad.

Si consideramos que –durante la aparición del Ángel a Muhammad en la cueva de H̱irâ'– el Profeta estaba dormido,[47] concluiremos que la primera aparición angélica fue la siguiente:

Salí de la gruta para volver en mí, cuando –al hallarme en la mitad de la pendiente de la montaña– oí una voz proveniente del Cielo que gritaba: «¡Muhammad, eres el Profeta de Al-lâh y yo soy Ÿibrîl!». Elevé la mirada hacia el Cielo: Ÿibrîl lo llenaba por completo y tuve que apartar mi vista –que se había cegado– a otras partes del horizonte; en todas partes encontraba su imagen deslumbradora. No podía moverme, ni dar un paso hacia delante ni hacia atrás. Resulta que Jadîÿa había enviado a alguien a buscarme y me encontró inmovilizado en ese estado. No pude acompañarlo y tuvo que regresar a Meca sin mí. Más tarde, dejé de sentir eso y entonces volví a mi casa.[48]

En el planteamiento concreto con que ahora abordamos la Revelación –las concomitancias con la experiencia chamánica–, vamos a:

• Continuar trabajando sobre algunos rasgos ya citados:

> *Elemento 1* El mensajero alado
> *Elemento 2* Violencia de los mensajeros celestes

• Descubrir nuevos rasgos comparables con la experiencia chamánica:

> *Elemento 8* Las visiones de luz interior
> *Elemento 9* Los dolores de cabeza
> *Elemento 10* La cueva como lugar de encuentro
> *Elemento 11* El sueño como momento propicio
> *Elemento 12* El calor místico durante el trance

Pasemos a un estudio detallado de cada uno de ellos en los textos islámicos que nos han llegado, comparándolos con otros de tradición chamánica:

ELEMENTO 1. EL MENSAJERO ALADO

En el capítulo correspondiente a los ángeles de *Islam para ateos,* analizamos desde un punto de vista menos convencional la significación del *malak* (plur. *malâ'ika*).[49] Completemos ahora dicha investigación con el dato insistente en la revelación semita de que los *malâ'ika* "tienen alas". Leemos en el Corán (35:1), en una versión literal, lo más cercana posible al árabe (para que haya la menor tergiversación posible):

> *Al-ḥamdulil-lâh* el cual *faṭara* (alimentó) los Cielos y la tierra, el que hace que los *malâ'ika* (poderes, cualidades) sean *rusul* (mensajeros) con "alas" (plural: *aÿniḥa*; sing: *ÿanâḥ*) de dos en dos, de tres en tres, de cuatro en cuatro

El hecho de que los mensajeros tengan alas es algo que ha dado más de un quebradero de cabeza a pensadores judíos y musulmanes mínimamente racionalistas, y es que nuestra mente analítica no puede aceptar que los mensajeros –para serlo– deban estar dotados de alas. Nos es inaceptable el argumentode que las necesitan para hacer llegar sus mensajes entre un Señor distante en el Cielo y unos hombres y mujeres descarriados en la Tierra.

Este asunto no se entiende más que si consideramos que la descripción de estos mensajeros pertenece al mundo de la "visión" de Muhammad. El que "los mensajeros" tengan alas no es un nuevo dogma en el que creer: ¡Es lo que de hecho vio Muhammad! Sólo eso. Podrían habérsele manifestado los *malâ'ika* de cualquier otra forma, y daríamos a los elementos de esas visiones la misma categoría: lo que importa es la efectividad de la transmisión del mensaje sin obsesionarse por todo aquello que la articula.

Pero el caso es que este elemento –"el mensajero alado"– aparece a menudo en la visión de los chamanes que hasta él existieron y entre los que le son posteriores en el tiempo:

En la mayoría de los mitos acerca del origen de los chamanes interviene directamente el Ser Supremo, o su representante, el Águila, el ave solar (...) Los dioses (entre los buriatos) acordaron procurar a los hombres un chamán que luchase contra la enfermedad y la muerte, y les enviaron el Águila. Pero los hombres no entendía su lenguaje; además, no les inspiraba confianza una simple ave. El Águila volvió ante los dioses y les pidió que le concedieran el don de la palabra (...) Según los ostiacos, del Iennissei, los teleutes, los orotchi y otros pueblos siberianos, el primer chamán nace de un Águila o, por lo menos, el Águila es la que lo instruye en su oficio.[50]

Es curiosa esta serie de citas respecto al papel del águila en algunas mitologías chamánicas, porque también contamos en la vida de Muhammad con un relato, en el que se nos cuenta que en cierta ocasión iba a ponerse una zapatilla donde se había colado una serpiente venenosa, y del Cielo se precipitó un águila como una centella sobre ella. No estoy seguro de que un águila en el desierto de Arabia no sea más un acontecimiento del mundo imaginal que del mundo natural. Comprobamos en esta narración el doble arquetipo de la serpiente como encarnación del Mal, y el Ave como enviada del Cielo. Veamos cómo nos cuenta Rumi el episodio:

En cuanto a aquel que Al-lâh protege, los pájaros y los peces se vuelven sus guardianes.

Pidió agua y renovó sus abluciones: se lavó las manos y la cara con esa agua fría. Se lavó los pies e iba a coger su zapato y un águila la arrancó de su mano y se la llevó por los aires tan rápido como el viento; luego, al devolverla, una serpiente cayó de ella. De la sandalia cayó una serpiente negra: en razón de esta solicitud (divina) por el Profeta, el águila se convierte en su amiga benefactora. Luego, al devolverle la sandalia, dijo:

—«Ven, cógela y ve a la *salâ* [adoración a Al-lâh]. He efectuado este acto presuntuoso por necesidad: me he humillado por respeto hacia ti. ¡Que caiga en desgracia aquel que obra pretenciosamente sin necesidad, porque un vano deseo le autoriza!».

Entonces el Profeta agradeció al águila y dijo:

—«Yo había considerado tu acto como una insolencia, pero en realidad, era benevolencia. Te has llevado la sandalia y estaba disgustado: me has producido una preocupación y me he afligido. Aunque Al-lâh me ha mostrado cada cosa invisible, en ese momento, mi corazón no estaba atento».

El águila respondió:

—«No imagino que la distracción se haya producido en ti. Si he visto esa cosa invisible, es por tu reflejo. Si yo, en el aire, veo la serpiente en la sandalia, no viene de mí; es tu reflejo ¡oh, Mu_s_tafà!».

El reflejo del hombre de luz es totalmente resplandeciente; el reflejo del hombre de tinieblas sólo es oscuridad. El reflejo del *'abd* [siervo] de Al-lâh es luminoso por entero; el de aquel que es ajeno a Al-lâh es totalmente ceguedad.

Conoce el reflejo de cada uno: ve con claridad, oh alma mía. Luego, quédate siempre con el congénere que desees.

ELEMENTO 2. VIOLENCIA DE LOS MENSAJEROS CELESTES

Una cuestión que no nos deja de extrañar (por el planteamiento católico y de Nueva Era del que inconscientemente partimos) es la violencia de estos intermediarios entre lo celeste y lo humano. En hebreo, "Gabri-el" significa "fuerza de Dios". El árabe debe haber tomado el nombre de Ÿibrîl del hebreo, y construido a partir de dicho nombre propio el verbo correspondiente –*ÿabara:* "forzar a hacer algo"–. En árabe, la raíz semántica "Ÿ-B-R" (que pertenece a la misma familia léxica hebrea de "G-B-R") va a tener sin excepción el sentido de "Potencia, Poder, Fuerza". De la misma familia árabe es, por ejemplo, el término que usamos para designar esa tablilla con la que se restituían los huesos rotos, *ÿabîra;* otras palabras de la familia son *ÿabbâr* ("persona con poder, héroe")[51] y "álgebra", *al-ÿabr,* que es esa ciencia por la que las operaciones matemáticas son *reducidas* a números, letras y signos. En árabe, el adverbio *ÿabran* significa "por fuerza, obligatoriamente", el adjetivo *ÿabrî,* "compulsivo", y el sustantivo *ÿabrîya,* "determinismo, obligación, compulsión". Sólo en tres ocasiones el Corán nombra a Ÿibrîl por su nombre; las otras veces usa alusiones y circunloquios, como por ejemplo *Shadîd al-Quwà* ("El de las Ingentes Fuerzas", en 53:5).

La narración de Muhammad en ningún momento esconde la violencia de Ÿibrîl:

> Me había dormido en la gruta de H̱irâ' cuando el *malak* Ÿibrîl se me apareció y, desplegando ante mis ojos una larga tela de seda con letras doradas, me dijo: «¡Lee!».«No sé leer», respondí. Inmediatamente me cogió y me estrujó mis miembros, mi boca, mi nariz contra los pliegues de esa tela con tal violencia que mi respiración quedó suspendida y creí llegar al instante de mi muerte. Luego, después de relajarme, me repitió: «¡Lee!». «No sé leer», volví a repetir. Me estrujó de nuevo y sentí mi último aliento listo para escapar de mi pecho. A continuación, aflojó su atadura y, por tercera vez, me repitió: «¡Lee!». «¿Y qué debo leer?», le pregunté por temor a un tercer apretón al cual mi aliento no habría resistido. Entonces me dijo:
>
> «¡Lee! Con el nombre de tu Señor que lo creó todo. Que creó al hombre de un coágulo.[52] Proclama que tu Señor es el más generoso, que enseñó mediante el *qalam* (cálamo), que enseñó al hombre lo que no sabía».[53]

¿Pero,quién, leyendo la Biblia, no se ha extrañado alguna vez con el "extravagante" pasaje de Jacob luchando con un ángel de Dios?

Así Jacob se quedó solo, y un (ángel con forma de) hombre se puso a luchar con él hasta despuntar la aurora. Viendo el hombre que no podía con él, le dañó la articulación del muslo descoyuntándosela durante la lucha con él. Y (el ángel con forma de hombre) le dijo: «Suéltame, que ya despunta la aurora».«No te soltaré hasta que no me bendigas» –dijo Jacob–. Él le preguntó: «¿Cómo te llamas?». «Jacob" –respondió–. «Pues no te llamarás ya Jacob –dijo el hombre– sino Israel, porque has luchado contra Dios y contra los hombres y has vencido (…) Llamó Jacob a aquel lugar Panuel, porque –dijo– «he visto a Dios cara a cara[54] y con todo he salvado la vida».[55]

Los ángeles son violentos. Si no pudieran ser violentos los ángeles de Al-lâh, no podrían proteger.[56] La protección del creyente precisa del uso de la fuerza. Ésta es la lógica semita. En el Islam, desde sus primeros balcuceos, encontramos que los ángeles combaten junto a los musulmanes. A diferencia de los de la Nueva Era, los ángeles de la tradición semita son tan violentos que, en ocasiones, es el mismo Muhammad el que los tranquiliza:

«Oh, Muhammad, Al-lâh ha oído lo que tu pueblo te ha dicho. Yo soy el ángel de las montañas. Tu Señor me ha enviado a ti para que me ordenes hacer lo que tu quieras. Si quieres los aplastaré entre las dos montañas.» Pero le dije: «No lo hagas porque espero que Al-lâh haga surgir de entre sus descendientes gente que adoren únicamente a Al-lâh y no le asocien nada».[57]

Los ángeles del Islam guerrean y matan.[58] E incitan a la lucha:

Yibrîl vino al Mensajero de Al-lâh después de la batalla del Foso cuando el Profeta ya se había desprendido de sus armas y se había bañado. El ángel se apareció a él, mientras sacudía el polvo de su cabeza, y le dijo al Mensajero de Al-lâh:

«¿Habéis dejado vuestras armas? Por Al-lâh, que nosotros (los ángeles) no hemos dejado las nuestras todavía. Ve hacia ellos». El Mensajero de Al-lâh le preguntó: «¿Hacia dónde?». Y Yibrîl le contestó: «Hacia Banû Quraidza».[59]

Respecto a los nuevos rasgos chamánicos que acertamos a descubrir en la experiencia de la Revelación, pasamos a hablar de ellos con más detalle.

ELEMENTO 8. LAS VISIONES DE LUZ INTERIOR

Nos cuenta 'Â'isha respecto a la recepción de la Revelación por el Profeta:

El Profeta dijo: «Durante los diez meses que precedieron a la primera revelación, mi sueño se vio atravesado por deslumbrantes resplandores comparables a los rayos del alba *(falaq aṣ-ṣubḥ)*».

Y leemos en Mircea Eliade respecto a las experiencias chamánicas esquimales:

El *angakkok* consiste «en una luz misteriosa que el chamán siente repentinamente en su cuerpo, dentro de la cabeza, en el mismo meollo del cerebro; un inefable faro, un fuego luminoso, que le permite ver en la oscuridad, igual lo real que lo figurado, porque ahora consigue, con los ojos cerrados, ver a través de las tinieblas y distinguir cosas y acontecimientos futuros, ocultos para el resto de los humanos; puede conocer lo mismo el porvenir que los secretos de los demás».[60]

ELEMENTO 9. LOS DOLORES DE CABEZA

Los dolores de cabeza –que habitualmente sufría el Profeta Muhammad–[61] son una realidad constatada entre los chamanes. Muhammad mismo llamaba a su neuralgia «la enfermedad de los profetas».

Leemos en un hadiz que se remonta a Abû Huraira:

> Cuando la Revelación venía al Profeta de Al-lâh, le sobrevenía un gran dolor de cabeza.[62]

Por su parte, un chamán *golde* contaba a Sternberg:

> [...] Estuve muy bien hasta los veinte años; más tarde caí enfermo, me dolía el cuerpo y padecía unos espantosos dolores de cabeza. Unos chamanes intentaron curarme y no lo consiguieron...

ELEMENTO 10. LA CUEVA COMO LUGAR DE "ENCUENTRO"

Otra vez, 'Â'isha nos narra sobre los tiempos que precedieron a la primera Revelación:

> Después se le hizo querida la soledad, y se aislaba en la cueva de Ḥirâ'. Allí adoraba a Al-lâh durante varias noches antes de volver a su gente a aprovisionarse para otro tanto. Después volvía junto a Jadîŷa y cogía viandas para un nuevo período, hasta que le sobrevino la Realidad *(hattà ŷâ'ahu l-ḥaqq)* estando en la cueva de Ḥirâ'.[63]

Una cueva. Un elemento bien conocido por los que investigan el fenómeno religioso en su dimensión extática:[64]

> La importancia de la caverna en la iniciación del hombre-médico australiano refuerza aún más la hipótesis acerca de su antigüedad. Parece ser que fue muy importante el papel que desempeñó la caverna en las religiones paleolíticas. Por otra parte, la caverna y el laberinto siguen ocupando una función de primer orden en los ritos de iniciación de otras culturas ar-

caicas (por ejemplo, en Malekula); los dos son, en efecto, símbolos concretos del tránsito hacia el otro mundo, de un descenso a los Infiernos. Según los primeros informes obtenidos acerca de los chamanes araucanos de Chile, éstos efectúan su iniciación en cavernas por lo común adornadas con cabezas de animales [...] También en la iniciación de los chamanes norteamericanos desempeñan las cavernas un papel importante: en ellas tienen los aspirantes sus sueños y encuentran a sus espíritus auxiliares [...] Los candidatos se retiran a las cavernas de los montes o a un lugar solitario y se esfuerzan, mediante una intensa concentración, en obtener las visiones que son las únicas que deciden la carrera chamánica.[65]

ELEMENTO 11. EL SUEÑO COMO MOMENTO PROPICIO

Parece que hay consenso en un amplio sector del Islam en que las primeras visiones del Profeta se produjeron durante el sueño. El célebre primer encuentro con el ángel Ÿibrîl fue dormido:

> Él (Ÿibrîl) vino a mí mientras estaba dormido trayendo consigo una tela ricamente ornamentada que contenía un escrito [...] Y en cuanto lo recité desapareció y él me abandonó. Desperté de mi sueño y fue como si un texto hubiera sido inscrito en mi corazón.[66]

El hadiz más célebre sobre el mismo objeto (que se remonta a 'Â'isha) no deja resquicio a dudas:

> La primera revelación que recibió el Mensajero de Al-lâh fue la «visión pura» (*ru'-yâ ṣâliḥa*) mientras dormía

Ha habido incluso quien, como Sa'îd ibn al-Musaiyab, ha recogido el episodio de la apertura del pecho como la primera parte de un sueño que tuvo el Profeta y que acabó con el encuentro con Ÿibrîl y la revelación de la primera *sûra* del Corán.[67]

Sin embargo, en otras ocasiones las visiones del Profeta o la Revelación le suceden despierto. La visión de Ÿibrîl llenando los cielos en el horizonte ocurrió en la vigilia y otras veces la Revelación descendió a él mientras montaba en camello, estaba subido al *minbar*, hablaba con alguien o incluso se encontraba en la cama junto con 'Â'isha. Sobre el modo de descenso de la Revelación, nos cuenta un hadiz que: «el Mensajero de Al-lâh tenía abiertos los ojos y podía ver», aunque ya comprobaremos que la tipología del descenso de la Revelación es muy variada y no presenta un esquema fijo.[68]

Mircea Eliade valida sin la menor objeción la experiencia de Revelación durante el sueño:

> Una de las formas más corrientes de elección del futuro chamán es el encuentro con un ser divino o semi-divino, que se le aparece durante el sueño...[69]

ELEMENTO 12. EL CALOR MÍSTICO DURANTE EL TRANCE

Podemos detectar en las narraciones sobre acontecimientos de la vida de Muhammad elementos chamánicos tan difíciles de falsificar –sin un alto nivel cultural como éste: el «calor místico durante el trance». Nos referimos a un estado físico que en árabe –referido al Profeta– se le denominó *burahâ' al-waḥy*:[70]

> Su frente chorreaba de sudor, incluso durante los fríos del invierno, luego el ruido cesaba y sólo entonces comprendía lo que el *malak* le había revelado
>
> Dijo 'Â'isha: «Yo misma lo he visto recibir la Revelación en un día muy frío, y cómo ésta lo abandonaba. Tenía la frente toda cubierta de sudor».[71]

41

Tal era la intensa fiebre que alcanzaba el cuerpo del Profeta que, a veces, para aliviarlo, lo lavaban con agua fría y lo cubrían de inmediato.

Respecto a este aumento de temperatura durante el trance, nos dirá Mircea Eliade:

> Nos hallamos, pues, ante una experiencia mágico-religiosa fundamental, universalmente atestiguada en los niveles arcaicos de cultura: el acceso a la sacralidad se pone de manifiesto, entre otras cosas, mediante un prodigioso incremento de "calor" [...] La obtención del "calor mágico" demostrará de modo patente que en adelante se pertenece a un mundo no humano.[72]

Este último aserto es explicado en otro de los libros del insigne fenomenólogo de las religiones:

> Un santo, como un chamán, un yogui o un héroe, experimentan el calor sobrenatural en la medida en que sobrepasan, sobre el plano que les es propio, la condición humana profana y se incorporan a la sacralidad.[73]

Si Muhammad hubiera sido un farsante, ¿cómo habría llegado a saber –sin haber leído un solo libro en su vida– la forma concreta que habría de adoptar su farsa?

5. ANÁLISIS DE LOS ACONTECIMIENTOS CHAMÁNICOS DE LA VIDA DEL PROFETA (III): EL DÍA DEL ALZAMIENTO (*YAUM AL-QIYÂMA*)

ELEMENTO 13. LA DESTRUCCIÓN DEL MUNDO

Si consideramos el Corán en el orden en que se produjo la Revelación, nos damos cuenta de que las suras mecanas –las primeras reveladas– hablan de un modo casi obsesivo de la Hora, del Acontecimiento, de la *wâqi'a*. Es de esta forma como comienza la Revelación, con un lenguaje denso, violento y terrible. Y no se habla de esta cósmica catástrofe en futuro, sino en pasado o presente. A través del Profeta no se predice el Fin del Mundo, se cuenta; porque en la Cueva de Hirâ' él asistió al espectáculo de la destrucción del mundo.

El Fin del Mundo (La *wâqi'a*) es un hecho cósmico y personal. El Acontecimiento (La gran destrucción) no deja de ser universal por ser tuyo, por suceder en ti; pero nunca es futuro. Hablando con propiedad el futuro no pertenece al mundo de lo real. La *wâqi'a* sucedió ante Muhammad.

El Islam es el resultado de la experiencia que tiene el Profeta de la *wâqi'a*. Asistimos en el Corán al instante en que el Cielo se ha desnudado y se deshace como cobre fundido, la Luna está bañada en sangre, la Tierra ha sido replegada y presta oídos a su Señor, los hombres corren asustados con sus men-

tes espantosamente vacías, y las montañas han sido reventadas
y vuelan por los aires con la levedad de las «motas de polvo
que iluminan los rayos del Sol» (*habâ' munbazz*).

Del mismo modo, un chamán australiano de la tribu de los
yaralde (Murray del Sur) describe admirablemente los terrores
de las visiones de la iniciación:

> Verás arder tu campamento y subir las aguas de sangre;
> habrá truenos, relámpagos y lluvia, la tierra temblará, las co-
> linas se estremecerán, las aguas se arremolinarán y los árbo-
> les que aún queden en pie se doblarán bajo el viento. No te-
> mas. Si te levantas, no verás esas escenas, pero si vuelves a
> acostarte las verás, a menos que tu terror sea demasiado gran-
> de. Si esto ocurre, se romperá la tela (o el hilo) de la cual es-
> tas escenas están suspendidas.[74]

Debo detenerme en esta cuestión tanto como lo vea preci-
so. Me atrevo a afirmar que los musulmanes no entenderán el
Islam hasta que no entiendan a Muhammad, y no entenderán a
Muhammad hasta darse cuenta de que todas las escenas esca-
tológicas que constituyen el primer contenido de la Revelación bajo ningún concepto deben conformar un *corpus* dog-
mático, porque nunca se quiso que fueran los dogmas de una
religión naciente, sino que simplemente fueron "visión" de
Muhammad. "Visión", suceso mientras lo fue, experiencia.

El lenguaje que se usa para describir las "escenas" de la
Destrucción del Mundo es completamente visual: «Saldrán
(los muertos) de las tumbas como si fueran langostas disper-
sas»,[75] «Saldrán de sus tumbas presurosos como si corrieran
hacia una meta»,[76] «Saldrán de las tumbas con las cabezas er-
guidas, no podrán parpadear, ni siquiera podrán pensar».[77]

Obsérvese en el siguiente hadiz hasta qué punto lo que nos
transmite Muhammad no es el dogma del apocalipsis sino una
visión concreta: «[…] El primero que oye la Trompeta es un
hombre que repara el abrevadero de sus camellos».[78]

El Corán no es una "buena nueva" sino "una advertencia".[79] Es una advertencia terrible: ¡El mundo ha sido destruido! El Universo que consideramos como firme y seguro saltó en pedazos, se disolvió en la Unidad ante los ojos de Muhammad. En el Islam no se nos ofrecen dogmas de fe, sino las tremendas impresiones de los que –ahora, ya– contemplan la realidad desde la *âjira* [el universo interior al universo]. La espiritualidad islámica no está siendo sostenida por los conocimientos teológicos de nadie, sino por la experiencia demoledora de los que han vivido y viven el Fin del Mundo, la desaparición de todo en Al-lâh... «Todo ha desaparecido excepto la faz de Al-lâh» (28:88, 55:24-25) está en un tiempo verbal pasado –y no como suele traducirse, en futuro– porque fue ya experimentado por Muhammad.

El mundo de después de la Hora es puro *tauhîd* (unicidad de lo real); tiene la consistencia de Al-lâh. El mundo de después de la Gran Destrucción está revestido con las cualidades de Al-lâh. Lo que quedó tras la *wâqi'a* fue el Islam. Un camino hacia Al-lâh. El camino de cuando no queda nada salvo el propio camino. Un camino es lo único que se ha salvado de la Gran Catástrofe. Y, en este camino, nuestro modelo es el Profeta. Porque es el ser humano que sobrevivió a la Gran Extinción. Su modo de vivir es el de alguien que sobrevive a la desaparición de todas las cosas, aquel cuyos pasos ya sólo pisan el universo de Al-lâh. Sólo así, como alguien que viene más allá de la destrucción de todo, como alguien que ya no busca nada, puede abrir todos los caminos y gozarlo todo... Desde Muhammad, de alguna forma todos los musulmanes hemos heredado su condición de poder vencer a la muerte. El Islam de Muhammad es el modo de la supervivencia.

Había algo en la estructura más interna de la conciencia del Profeta que le hizo sobrevivir a la *wâqi'a*; nosotros ignoramos qué fue exactamente lo que facilitó a su corazón soportar el peso de la Revelación, y es por esa razón por la que a veces los musulmanes imitan del Profeta incluso lo más anecdótico o

–aparentemente– menos significativo (la posición de las piernas al comer o la postura al dormir, la apertura entre sus paletas, etc). «Tal vez imitándolo todo nos hagamos poseedores de su secreto», se dicen algunos musulmanes a sí mismos; otros, optan directamente por imitar sólo sus virtudes humanas. En ambos casos la voluntad es la misma: seguir los pasos del Profeta. Hay muchos modelos de ser humano, pero la experiencia del musulmán, formulada en su *lâ ilâha il-lâ l-lâh* (No hay "dioses"; hay Al-lâh), no puede llevarse a cabo sin seguir los pasos del que ya vivió la Gran Catástrofe, y esto da sentido a la segunda parte del testimonio del musulmán: *Muḥammad rasûl Al-lâh*.[80]

Cuando el Corán te habla de la Hora no pretende asustarte, ni llenar de quimeras tu mente, sino moverte a Él, y lo hace invitándote a que sientas en ti mismo la Gran Destrucción después de la cual resucitarás con el mundo.[81] Las montañas son tus huesos, el Sol es tu cerebro, La luna tu corazón... La Hora es tu Hora. Parece querer decirnos el Corán: «Ha llegado el momento de tu destrucción en Al-lâh». Si puedes vivir tu continua destrucción y la destrucción de lo que te rodea, asistirás al milagro del *jalq al-ÿadîd* (la Creación continua), la recreación de un nuevo cielo y una nueva Tierra.

Y con esa experiencia tremenda, aniquiladora de la *nafs* (del "yo"), reductora hasta la extinción (*fanâ'*), que lo ha llevado más allá del límite de lo humano, Muhammad ¿qué hace? Funda una sociedad. Una sociedad enraizada en Al-lâh. Al-lâh, que no ceja, que es acción, actividad, impulso incesante. Al-lâh se convierte en la solidez íntima de la nación de los musulmanes; Al-lâh es lo que hace que no sean hombres dispersos «como copos de lana al aire». Una nación que se dispone a vivir en un Universo transformado porque lo relevante a partir de ahora será únicamente la presencia de Al-lâh en cada cosa.

Todo lo que en principio el *Nabî* (el Mensajero) supo de Al-lâh fue el resultado de la brutal sacudida que es para el ser humano la desaparición de la multiplicidad. Y asiste a la reconstrucción de la existencia *desde el otro lado*. Desde el lado de Al-lâh. Ésta es la experiencia que nos propone el Islam como inicio de nuestro camino: asistir a la destrucción de nuestro viejo mundo de afectos marchitos y vínculos desgastados y sentir cómo se reconstruye la vida nueva. De ahí la complacencia que el musulmán siente en la destructividad de Al-lâh:

> Quien se alegre de ver la Resurrección que recite las siguientes suras: «Cuando el sol sea desenvuelto» (81:1), «Cuando el cielo se hienda» (82:1), «Cuando el cielo estalle en pedazos» (84:1).[82]

La única explicación de que la destrucción de la vida sea para el musulmán motivo de alegría es porque se constituye en signo de la gloria de Al-lâh:

> Suene el Cuerno *(aṣ-Ṣûr)* y toda criatura de los cielos y la tierra perece.[83]

Quizá es esta sensibilidad nuestra tan difícil de comprender para los occidentales a lo que se refería Braudillard, célebre filósofo francés, cuando escribió: «El musulmán es el dueño de la muerte, mientras que nosotros somos expertos en taparla. No cabe respuesta simbólica contra aquellos para los que la muerte es un éxito y la destrucción una victoria».

Al-lâh es el Dios de la Creación y también de la Destrucción. Y en esta inconsistencia de todo frente a Al-lâh los musulmanes educan a sus hijos desde que comienzan a memorizar Corán. No deja de ser un espectáculo curioso ver a los niños pequeños recitando las suras del final del Corán, que son las más cortas, ya que son precisamente las que hablan de la Destrucción del Mundo. Por esta razón, el musulmán mama desde pequeño la radical unidad de las cosas en Al-lâh, la sola realidad de Al-lâh. No valoran el mundo desde la fantasía del aislamiento de los seres, sino en tanto su profunda unidad esencial en Al-lâh. Puede ser que la investigación tecnológica en los países musulmanes sea inexistente y que su nivel de desarrollo científico sea patético comparado con el que se da en Occidente, pero superan a la cultura occidental en consistencia mental toda vez que su Islam los impulsa irresistiblemente desde niños a vivir el *tauhîd*, la reunificación de todo en Al-lâh, y el *qadar*, la voluntad de Al-lâh como lo que inevitablemente se nos impone en la realidad. Y con ese entrenamiento mental, los musulmanes se van volviendo cada vez más invulnerables, inexpugnables, preclaros frente a los que carecen de *furqân*, de criterio de lo que existe de verdad y lo que es fantasmagoria.

Toda destrucción definitiva es emergencia de Al-lâh... A partir de la *wâqi'a*, Muhammad ya no está sometido a los fantasmas, a los miedos, a los dioses, a las certezas de los seres humanos, sino que es una persona que ha muerto y, en esa muerte, ha descubierto la enorme trascendencia del instante que vivimos. Después de la Revelación, Muhammad ha perdido todas las falsas seguridades que no tenían entidad y ha comprendido la universal resonancia de nuestros actos. Cada momento, cada cosa que sucede, se nos muestra con un significado de unas magnitudes que somos incapaces de sospechar. La grandeza de la existencia ya no se limita a objetos o a cosas, sino a una universalidad capaz de englobarlo todo, de tragarte, de engullirte y de convertirte también en el que contiene todo eso. Esa conjunción de todo, ese ser parte tú de la existencia y la existencia ser parte de ti, es lo que se llama en árabe el *kamâl*, la plenitud.

Nos cuenta la tradición que, durante el primer encuentro con el Ángel, Ÿibrîl abrazó al Profeta, «fundiendo y refundiendo por tres veces todo su individuo»[84] –añadirá D'Holbach–. Tres abrazos. El último de ellos lo mató para el mundo, tras lo cual Muhammad conoció la *qiyâma*, su resurrección, su Alzamiento en Al-lâh. En adelante únicamente existiría en Al-lâh.

Elemento 14. Los muertos salen de las tumbas

Después de la necesaria digresión del punto anterior, intentamos ahora explicar dentro de una perspectiva chamánica la típica escena apocalíptica del Corán (en una versión literal del Libro):

> Se sopló en la trompeta y he aquí que ellos procedentes de los *aÿdâf* (tumbas) hacia su Señor apresurándose.[85]

La cuestión no es: «¿Cuándo sucederá esto que se nos cuenta?», puesto que –como ya señalamos en su momento– se narra en pasado. Y mucho menos: «¿Será verdad esto que nos cuenta la Revelación?». Sino: «¿Qué le está sucediendo a Muhammad?». La respuesta no la encontramos en la obra de pensador musulmán alguno, sino –maravillosa perplejidad del mundo del saber– en la obra de un hombre que no tenía especial predilección por "lo islámico". Mircea Eliade nos explicará que una de las experiencias universales de los chamanes es ver muertos; todo aquel que ve muertos ha muerto:

> «Ver a los espíritus» en un sueño o durante la vigilia es la señal decisiva de la vocación chamánica, espontánea o voluntaria. Porque sustentar relaciones con los muertos equivale en cierto modo a estar muerto uno mismo.[86]

Y el chamán resucita de su muerte con un poder renovado. El sentido de estas visiones, por tanto, fue dotar a Muhammad del poder chamánico que se obtiene de la visión de los muertos. El mismo chamán australiano de la tribu de los yaralde –que antes citamos– concluye su apocalíptica narración:

> Quizá veas muertos caminando hacia ti y oigas el chasquido de sus huesos. Si oyes y ves estas cosas sin miedo, nunca más volverás a temer nada. Estos muertos no se te apare-

cerán jamás, pues tu *miwi* se habrá vuelto fuerte. Entonces serás poderoso, porque habrás visto estos muertos.[87]

El Levantamiento de las tumbas (*qiyâma*) contemplado por Muhammad, lamentablemente, corre una suerte distinta a lo experimentado por el resto de los chamanes del mundo entero: se nos quiere obligar a los musulmanes a considerarlo parte de la dogmática de una religión. El Islam transformado, por fin, en una religión por aquellos que no comprenden qué fue lo que le ocurrió al profeta Muhammad.[88]

En la idea de la Resurrección de los muertos, el Islam eclesializado, ha querido establecer su dogma central, como ya hiciera san Pablo en la Iglesia Romana con la Resurrección de Cristo.[89] Pero el Islam surge directamente de un estrato cultural tan primitivo que se resiste a la "teologización" de sus intuiciones. Para hacer de la Resurrección de los muertos un dogma medianamente elegante –sutil– habrán de ocultarse los hadices relativos a cómo esta resurrección se llevará a cabo a partir de un hueso concreto del esqueleto.[90] La idea muhammadiana de que uno de los huesos del ser humano es una semilla desde la que el hombre vuelve a brotar de la tierra no fue para el Profeta un dogma de fe. Fue y es una forma mítica ancestral –anterior al protagonismo que con el Neolítico adquiriría la Tierramadre– de autoexplicarse la naturaleza de la Vida; como defiende Mircea Eliade:

> Nos encontramos ante una viejísima idea religiosa, propia de las culturas de cazadores: el hueso simboliza la raíz última de la Vida animal, la matriz de donde la carne brota continuamente. Del hueso renacen los animales y los hombres; éstos perduran algún tiempo en una existencia carnal, y –al morir– su "vida" se reduce a la esencia concentrada en el esqueleto, del que renacerán nuevamente.[91]

El Profeta no sólo tuvo "visiones" de los muertos saliendo

de sus tumbas. Los escuchaba y los veía como nosotros escuchamos a los vivos. Eso, al menos, es lo que se nos cuenta hasta la saciedad en múltiples tradiciones del Profeta. Y tampoco esto de escuchar y ver a los muertos fue un ardid de Muhammad para hacer creer a sus compañeros en el dogma de la inmortalidad del alma. No siempre el Islam ha sido como ahora, un Islam que va imparable hacia su eclesialización. Todos sabemos lo fundamental que es a la hora de asentar la fundación de una religión la idea de la inmortalidad del alma. Pero... ¿Y si fuera verdad que Muhammad oía a los muertos quejarse en sus tumbas y no hubiera tenido al referirse a ella la menor intención de crear un dogma fundacional? ¿Y si un día nos levantamos los musulmanes y descubrimos que el Islam de Muhammad fue una experiencia y no una teología?... El Profeta no hablaba sobre los muertos en sus tumbas como el que promulga una encíclica sino con la espeluznante concreción de lo que se ha podido experimentar:

> Por el que me ha enviado con la Realidad que (el muerto) oye el ruido de los zapatos (y) el sacudirse el polvo de las manos cuando (los familiares) se alejan de él.[92]

Tenemos multitud de hadices en los que el Profeta afirma poder escuchar a los muertos:

> Esta *umma* [comunidad espiritual] será sometida a prueba en sus tumbas; y si no fuera porque temo que no enterréis a vuestros muertos debido al pavor, le pediría a Al-lâh que os hiciera escuchar lo que yo puedo escuchar del tormento de la tumba (*'adzâb al qabr*).[93]

Algunos hadices que nos han quedado nos permiten imaginarnos cómo debía ser la convivencia con alguien como el Profeta, una persona abierta a la escucha de cosas que suceden en nuestra propia realidad pero a otro nivel:

En cierta ocasión, habiendo oído un sonido muy agudo, salió el Profeta. Entretanto, el Sol se había puesto, y él nos dijo: «Los judíos han sido castigados en sus tumbas».[94]

Siete siglos después de Muhammad, Ibn Taimîya se reafirmará en esta posibilidad del ser humano de ver y escuchar a los muertos:

Esto le ha sucedido a muchas personas de nuestra era, ya sea estando despiertos o en sueños. Conocemos muchas historias de esta naturaleza [...]. El castigo (del muerto) puede ser tan intenso que afecte al cuerpo y puede que se le vea saliendo de su tumba con las marcas del castigo. Los Ángeles *(sic)* del Tormento se encargan de él. Más de una persona ha escuchado las voces de aquellos que son castigados en las tumbas, y algunos de aquellos que emergen de las mismas mientras están siendo castigados han sido vistos.[95]

ELEMENTO 15. EL PASO POR EL PUENTE DEL HORROR

El Juicio posterior a la muerte de cada ser humano y a la muerte del Universo fue asimismo producto de una serie de visiones que tuvo Muhammad: la balanza que pesa los actos de los seres humanos, la transformación de los actos buenos en luz, y el paso del "puente angosto" (el *sirât*) que –sin luz– no puede cruzarse haciéndonos caer al Abismo.

Preguntaron al Profeta sus compañeros «¿Qué es el *sirât*?», y contestó:

Es un vacío donde es probable que alguien resbale, del que salen garfios, espinas y punzones, como las espinas de la palmera *(as-sa'dân)*. Los creyentes cruzarán, entonces; unos en un abrir y cerrar de ojos; otros como el rayo, otros como el viento, y otros como caballos o camellos. Algunos pasarán con rasguños y otros caerán al fuego.[96]

El paso por un puente que discurre por encima de la *Ÿahannam*, la figuración de la *Ÿahannam* como un monstruo, y el hecho de que las palabras árabes relativas al Fuego sean de género femenino,[97] tienen amplias resonancias en la experiencia universal del *descensus ad inferos*. El *sirât* es "el paso peligroso" a que se refiere certeramente Mircea Eliade, «paso por el que el alma del difunto corre el peligro de ser devorada por un monstruo femenino».[98]

Todos y cada uno de los chamanes, como en su momento han hecho los difuntos, han de atravesar un puente en su viaje a los infiernos. Precisamente, los ritos iniciáticos tienen como objetivo la reconstitución de "un paso" hacia el más allá, un paso entre los dos mundos que tiene que ser en buena lógica difícil de cruzar para que ambas realidades estén convenientemente separadas:[99]

> El chamán (altaico), que se introduce por el orificio, llega primeramente a una llanura; allí hay un mar sobre el cual se tiende un puente que tiene la anchura de un cabello; camina por él y, para dar la impresión sobrecogedora de su paso por este puente peligrosísimo, vacila y hace como que está a punto de caer. En el fondo del mar distingue los huesos de un sin numero de chamanes que cayeron allí, porque un pecador no es posible que pase el puente. Luego ve el lugar donde se tortura a los pecadores [...]. Únicamente los culpables no consiguen atravesar por él y son precipitados en el abismo.[100]

El grado de control de nuestros actos, la conciencia que hemos llegado a tener al actuar, la *taqua* –que es el auténtico corazón de la Vía islámica–, será lo que nos permitirá cruzar a todos algún día –chamanes y seres humanos corrientes– el "Puente" (*sirât*). No es casualidad que para referirnos a ese puente en árabe empleemos la misma palabra que usamos para decir que sólo el Islam es "el camino recto" (*sirât al-mustaqîm*). La idea es que, con la muerte, todo nuestro mundo desaparece y queda sólo el camino que recorrimos en vida, como una especie de puente que va por encima del Fuego. Nuestros actos pasados serán nuestros pasos futuros por el *sirât*. Ninguna otra cosa, excepto la precisión y la conciencia que tuvimos al actuar en vida, nos servirá entonces de nada. Toda esta vida presente es un entrenamiento en la conciencia de nuestros gestos, de nuestras acciones, de nuestros pensamientos.

6. ANÁLISIS DE LOS ACONTECIMIENTOS CHAMÁNICOS DE LA VIDA DEL PROFETA (IV): EL "VIAJE NOCTURNO"

En muchas tradiciones se dice que «el poder volar era patrimonio de todos los hombres de la edad mítica»[106] y opina Mircea Eliade que la experiencia del "vuelo mágico" (*Magische Flucht*) tal vez esconda entre sus repliegues que «la nostalgia del vuelo es algo esencial en la psiquis del hombre».[107] Esta creencia llega hasta nuestra Europa moderna con la leyenda de las brujas que vuelan por los aires, con o sin escoba, y no está ausente del "vuelo con alfombra mágica" que todos conocimos con *Las mil y una noches*.

No hay chamán sin experiencia de ascensión. Así es como describe Mircea Eliade la importancia que dicha experiencia tiene para reconocer la veracidad de la condición chamánica:

> Un gran profeta basuto recibió su vocación después de un éxtasis durante el cual vio abrirse el techo de su cabaña sobre su cabeza y se sintió llevado al Cielo, donde halló una multitud de espíritus.[108]

Es el mismo Eliade quien determina con precisión la doble tipología de este Vuelo Mágico: viaje horizontal y viaje vertical del chamán.

Pues bien, las experiencias que Muhammad nos dijo haber tenido responden fielmente a esta doble tipología:

    • El *isrâ'*, o viaje horizontal, en el cual el Profeta es capaz de describir "a vista de pájaro" lo que está viendo del mundo terrenal.[109]
    • El *mi'râÿ*, o viaje vertical, ascensión celeste, que es –según Mircea Eliade– «el tema chamánico por excelencia».[110]

¿Plagio o experiencia?

Hay estudiosos –nunca los suficientes en nuestro panorama académico actual– que han relacionado la primera parte del Viaje Nocturno del Profeta con el transporte místico de Ezequiel a Jerusalem (Ez 8:3), y, la segunda, con el ascenso de Jacob por la "escala" que vio en Betel (Gen 28:12). Avalaría esta segunda hipótesis el hecho incontestable de que *mi'râÿ* significa en árabe precisamente eso: "escala" (del verbo *'aÿara*).[111] Así pues, el Viaje Nocturno del Profeta sería un plagio por etapas. Y, como quiera que estoy decidido a hacer con el Islam lo que hasta ahora han hecho los arabistas peor intencionados –sacar a la luz cualquier posibilidad de falsedad en nuestra tradición– debo seguir citando posibilidades de plagio de la experiencia de Muhammad en su Viaje a los Cielos.

Aunque en principio lo que nos dice la tradición es que a Muhammad de la Biblia sólo le llegaron el Pentateuco, los Salmos y el Evangelio, no es imposible que tuviera noticias de una forma más difusa de otros relatos bíblicos que contemplan alguna clase de subida a los cielos, como el que se encuentra en el segundo libro de los Reyes, en el que Elías fue arrebatado al cielo en un carro de fuego (2 Reyes 2:11).

Si entramos en el material veterotestamentario considerado apócrifo, encontraremos ciertas similitudes del Viaje Nocturno con la *Ascensión de Isaías*, con el *Apocalipsis judío de Ba-*

ruch y con otro texto de la literatura religiosa judía que sólo se nos ha conservado en etiópico, el *Libro 1 de Henoc*. Pero, sin duda, y ya dentro del ciclo de Henoc, el apócrifo que ofrece más parecido –no sólo con el Viaje Nocturno, sino con toda la cosmovisión muhammadiana– es el *Libro de los secretos de Henoc* (o *Henoc eslavo*).

El *Henoc eslavo* muestras tales similitudes con las tradiciones transmitidas por el profeta Muhammad que no habría que descartar la hipótesis de una composición completa del texto en época medieval, como recientemente defendió el conocido qumranista J.T. Millik, quien la situaba en concreto en el ambiente monástico de Bizancio entre los siglos IX y X. Incluso los que consideren que un primer núcleo del *Henoc eslavo* pudo ser anterior al año 70 –como Díez Macho– tendrán que convenir con nosotros que las sucesivas copias del texto (del idioma original al griego, y del griego al eslavo) han alterado este libro de tal forma que es imposible saber con certeza qué parte de este material pudo haber llegado a Muhammad, en caso de que la suerte o el destino le hubiera hecho llegar el texto.[112]

¿Nos conformamos con las fuentes judías? De ninguna forma. ¿Cómo podríamos contentarnos hasta no llegar al final de todo lo que pueda investigarse y decirse para quitar validez a la experiencia de Muhammad?

Sigamos, pues, adelante:

Sabemos que Zoroastro viajó a los Cielos, y que el zoroastrismo fue una creencia conocida entre los árabes del Ḥiÿâç,[113] siendo incluso uno de los compañeros del Profeta sacerdote zoroastriano converso al Islam. Y parece que una doctrina irania –no necesariamente avéstica– se halla en la raíz del relato de Henoc (en todo caso, en el *Henoc eslavo*). Aún no sería alejarnos demasiado de la Arabia profética conectar las experiencias de Muhammad con el chamanismo iranio, siempre que no cometamos la imprudencia de relacionar las experiencias del Profeta con las sustancias alucinógenas utilizadas por los escitas. Sabemos por Heródoto (IV, 75) que los chamanes de este pueblo se provocaban experiencias extáticas usando para ello el vapor del cáñamo y emitían gritos delirantes y alegres,[114] pero también sabemos que Muhammad condenó el uso de todo tipo de drogas.[115]

Hasta donde hemos podido rastrear, buceando en la literatura persa, sólo hemos encontrado un Viaje Celestial contado con la precisión necesaria para servir de modelo al Viaje Nocturno del Profeta: el texto de la ascensión del sabio Ardâ Vîrâf. Pero resulta que el Viaje de Ardâ Vîrâf a los Cielos está escrito en pahleví, que es la lengua del período sasánida, que sirvió para redactar una gran cantidad de textos religiosos y profanos ya durante la dominación musulmana. El libro de Ardâ Vîrâf a duras penas podría datarse antes del siglo IX, y por tanto no nos consta que no estuviera influido de alguna manera por el relato del *Mi'raÿ* del Profeta.

Sea con un posible antecedente judío o persa, o tal vez egipcio (porque casi todo en el Islam acaba siempre directa o indirectamente en Egipto), estamos, de pleno, en la tesis archiconocida del fingimiento del Profeta Muhammad, que no voy a esmerarme en refutar, consciente como soy de que al final, después de un batiburrillo de teorías a favor y en contra –al estilo de Gaudefroy-Demombynes-, el lector tendrá que tomar la actitud del que acepta la veracidad de la palabra del Profeta (gracias a que tiene una experiencia viva de Muhammad) y la del que nunca creyó *a priori* que Muhammad no fuera un farsante.

Pero no quiero dejar de remarcar que es curioso que sean a veces los mismos cristianos los que hayan dudado de la sinceridad de la experiencia ascensional de Muhammad. Cuando el propio san Pablo, hablando de sí mismo, dice en el Nuevo Testamento que «subió a los cielos»: «Conozco a un hombre en Cristo que hace catorce años (si en el cuerpo, no lo sé; si fuera del cuerpo, no lo sé; Dios lo sabe) fue arrebatado hasta el tercer cielo. Y conozco al tal hombre (si en el cuerpo, o fuera del cuerpo, no lo sé; Dios lo sabe), que fue arrebatado al Paraíso, donde oyó palabras inefables que no le es dado al hombre expresar» (2 Cor 12, 2-4)... ¿Por qué la experiencia de san Pablo sí y la de Muhammad no?

Dejemos a cada uno con sus cuitas y decantémonos ahora, como nos corresponde, en favor de los que creen que Muhammad nunca fingió dicha experiencia:

La fidelidad de la experiencia extática a un esquema conocido –Ezequiel, Jacob, Elías, Zoroastro, Henoc...– no tendría nada de particular. No hay modo de probar que la experiencia de Muhammad no pudiera haberse desencadenado a partir de una intensa interiorización de relatos que escuchara y que dejaran honda huella en su mundo imaginal. No hay el menor problema en experimentar por sí mismo lo que antes se ha oído. La experiencia de místicos de todas las culturas que reproducen vivencias extáticas anteriores –y por tanto reconocibles– pertenecientes a su misma cultura avala nuestra postura. Y tiene sentido. Porque la experiencia extática debe ser revestida de formas y palabras con el fin de poder ser contada; no tiene nada de particular que cada cultura la explique con los elementos interpretativos de los que dispone. Aquel que entienda que, por haber oído una historia, el profeta Muhammad luego no podía vivirla de verdad es una criatura incapacitada para la exégesis y desahuciada para el mundo imaginal. Es alguien que debería urgentemente deshacerse de su televisor e irse a vivir lo más lejos posible de la civilización. Puede incluso que se hiciera necesario de cara a su recuperación el que llegase al desierto, y se dispusiera a vivir entre gentes que sólo tienen la palabra para ayudarse a entrar en los diferentes niveles que constituyen la realidad.

Pero es que, además, hay toda una línea pendiente de investigación, y es la de que Muhammad usase una técnica concreta de ascenso celeste. No es imposible que el Profeta se adiestrara en las técnicas de los iluminados de la Merkabá que entre los siglos II al VII, cultivaron el ascenso a los atrios divinos *(Hekalot)*.

Copiamos ahora el texto clásico de Laenen sobre el tema:

Las ideas y motivos centrales que aparecen en la mística de la Merkabá, en el viaje o vuelo que el místico realiza a través de los reinos celestes, hasta llegar al trono de Dios, hunden sus raíces en amplias tradiciones esotéricas, que han sido preservadas y enseñadas en círculos cerrados de eruditos judíos, al final del tiempo del Segundo Templo (0-70 EC), o en tiempos anteriores, según algunos […]. La literatura sobre la antigua tradición esotérica, así como las narraciones místicas de la travesía a través de los reinos celestes, con la descripción del Trono de gloria, se conoce con el nombre colectivo de literatura de los *Hekalot* (*hekalot* es el plural de *hekal,* que entre otras cosas significa "palacio") […].

Los grupos escondidos de místicos de la Merkabá escenificaron de un modo cuidadoso sus tradiciones esotéricas y místicas, de manera que el mundo exterior no tuviera conocimiento de ellas. A fin de ser admitido en un grupo o escuela de este tipo, el aspirante debía cumplir algunas condiciones. Para comenzar, un novicio tenía que satisfacer ciertos requisitos morales. Ante todo, tenía la obligación estricta de cumplir todos los mandamientos de la Halaká, las reglas de la vida diaria judía. Además de eso, debía someterse a un examen quiromántico (lectura de la palma de la mano) y metoposcópico (lectura del rostro). Conforme a ello, cualquiera que deseara ascender a través de los reinos celestiales debía poseer el carácter exigido que le hiciera capaz de completar con éxito un viaje de ese tipo.

Después que el novicio había sido admitido en el grupo místico, e iniciado en las tradiciones esotéricas y místicas, podía prepararse para realizar un viaje a través de los palacios de los siete cielos. Cada explorador del cielo, fuera éste el primer viaje que emprendiera, o uno más entre otros muchos, tenía que prepararse con mucho cuidado para la travesía. Tras una extensa preparación, que era de tipo ascético –entre otras cosas debía ayunar durante siete días–, el místico debía tomar en consideración lo que otros habían experimentado ya en sus viajes celestiales. Después, adoptaba la postura adecuada y se sentaba, poniendo la cabeza entre sus rodillas. En esta postura, recitaba plegarias e himnos extáticos, como en un susurro, lo que provocaba una suerte de auto-hipnosis. Absorbido en un estado de profundo olvido de sí, el místico veía con los ojos de su mente cómo aparecían los palacios celestiales, a través de los cuales podía comenzar la travesía […].

Las descripciones de los místicos de la Merkabá ofrecen una visión del ascenso que se realiza a través de unos cielos que están situados unos encima de otros. En torno al 500 EC sucedió un caso extraño: los místicos empezaron a llamarse también «aquellos que descienden al trono-carro» *(yordei merkavah)* […].

La marcha visionaria del místico le conduce a través de siete cielos, cada uno de los cuales contiene a su vez siete palacios. A través de su marcha, el místico no tiene más que una finalidad: contemplar la Figura Divina sobre su trono celestial glorioso. Esta marcha no carecía de peligros y, en la medida en que el recorrido iba progresando a través de las moradas celestiales, las dificultades se volvían mayores. Sin una minuciosa preparación, un viaje de este tipo estaba condenado al fracaso.

Para desplazarse de un palacio al otro, el místico tenía que pasar a través de puertas muy custodiadas. Los porteros (guardianes de las puertas) eran seres angélicos, encargados de impedir el paso o de maltratar a los viajeros. Ante cada palacio donde deseaba ser admitido, el explorador tenía que mostrar a los porteros-guardianes los sellos o contraseñas adecuadas *(hotamoz)*. Estos sellos estaban compuestos por nombres divinos, fórmulas secretas o combinaciones arbitrarias de letras del alfabeto hebreo, que concedían al místico el poder de superar los peligros y de ascender a través de los mundos divinos. El factor decisivo era que el místico conociera los nombres de los ángeles que iba encontrando en el camino. A través del conocimiento del nombre del ángel respectivo, el explorador adquiría un cierto poder sobre ese ángel. Por otra parte, ese viajero celestial podía protegerse a sí mismo contra los grandes peligros cantando himnos en los cuales Dios era alabado, o usando imágenes cargadas de poder mágico.

A medida que iba creciendo el grado de dificultad en esas fases del camino, crecía también el riesgo de que, en algún momento, el místico realizara algún gesto equivocado, de manera que los vigilantes o ángeles enemigos pudieran simplemente impedirle la entrada en un área más alta. Cuanto más alto estuviera, más difícil le resultaba ofrecer la información necesaria a los poderes celestiales para conseguir su ayuda. El viajero tenía que enfrentarse con visiones engañosas y debía entrar en relación con ángeles destructores, que intentaban confundirle.

La prueba más difícil de todo el proceso se hallaba centrada en el paso entre la sexta y la séptima o última morada. El explorador místico tenía que mostrar aquí que podía distinguir entre mármol y agua, distinción que resultaba evidentemente muy difícil. Si en un momento dado confundía el mármol con el agua, no superaba la prueba. En este caso, enormes masas de agua anegarían al viajero y ya no podría completar su travesía celeste.

También el elemento fuego desempeñaba un papel importante durante el proceso a través de las regiones celestiales. Algunos relatos afirmaban que, tan pronto como efectuara un juicio equivocado o no conociera la fórmula correcta, el viajero sería consumido por fuego. Otros relatos hablan del fuego como una experiencia extática en el momento de la entrada en el primer palacio.

La forma literaria de los relatos de ascenso está constituida a veces por un diálogo, como por ejemplo cuando, en una conversación, dos o más rabinos se van comunicando la recta manera de alcanzar las visiones del reino celestial. Un rabino que ha realizado ya la travesía en una ocasión anterior comenta con otros su experiencia, los peligros que ha encontrado y las oraciones, himnos o nombres, construidos con combinaciones particulares de letras, que él ha utilizado para ir progresando a través de los palacios. Los demás rabinos responden a su exposición formulando nuevas preguntas o relatando sus propias experiencias. Con frecuencia, el diálogo viene a convertirse en una especie de instrucción: no sólo se le ofrece al viajero el contenido de lo que dirán o cantarán los seres celestiales, sino que se le imparte una enseñanza sobre aquello que debe decir o contestar en concreto y sobre las fórmulas que deberá emplear para enfrentarse con los diversos ángeles en las diferentes fases del ascenso.

Después de que ha superado todas las pruebas, tras un largo y difícil viaje, a través de las regiones celestiales, el viajero místico que "desciende" a la Merkabá alcanza finalmente la meta de su viaje: la visión del Santo sobre el Trono de gloria. Aquí, en el séptimo palacio del séptimo cielo, Dios, el Santo Rey, que ha "descendido" de un lugar que resulta desconocido para la humanidad, ha ocupado su puesto sobre su Trono de gloria. El viajero queda totalmente deslumbrado por la visión de los misterios del Trono divino.

El Santo solía hallarse revestido con una deslumbrante indumentaria celestial, irradiando una luz blanca y llevando una corona que destellaba con rayos de luz. Desde el mismo Trono, hecho de cristales centelleantes y de lapislázulis color azul celeste, brotaban ríos de fuego, cruzados aquí y allí por puentes. Sentado sobre su trono, rodeado por ángeles que cantaban sin cesar himnos a Dios y a su reinado, Dios revelaba su gloria escondida ante el alma del místico.

Cuando el místico iba subiendo, había a veces algunos compañeros sentados a su lado, a su derecha o a su izquierda, que escribían rápidamente lo que él iba experimentando en éxtasis. En sus descripciones extáticas, estos relatos de los místicos de la Merkabá reflejan un enorme respeto por la santidad del mundo del Trono. Algunos relatos hablan de un velo *(pargod)* detrás de la cual aparecía representada la figura divina sobre el Trono. Esa cortina separaba a Dios de todos los restantes seres o cosas que pertenecían al Trono-carro.[116]

Efectivamente, hay un hadiz que, sin considerar la hipótesis que ahora barajamos, quedaría ininteligible. Lo recogen Bujârî y Muslim, y de él se desprende que –fuera o no espontáneo el primer ascenso celeste– el Profeta era susceptible de tener esta experiencia a voluntad... Cuando el Profeta describió a la gente lo que acababa de vivir, los idólatras lo acogieron con burlas, y algunos lo desafiaron a describir el Templo de Salomón, ya que habían estado en él. Durante su "visita" a Jerusalén, Muhammad no se había fijado en los detalles y no pudo responder al principio. Pero, continúa el relato: «Cuando los quraishíes me desmintieron, fui al interior del recinto de la Ka'ba, y allí Al-lâh me hizo ver de nuevo el Templo de Jerusalén. Salí y lo describí tal y como había aparecido bajo mi mirada». El Viaje Nocturno pudo, por tanto, haber sido el resultado del desarrollo de una técnica determinada. Aunque la palabra "técnica" parece traicionar el espíritu de lo que quiere describir. Yo hablaría, más que de una técnica, de una capacidad de propiciación de las condiciones que provocan unas experiencias, de un don que se sabe encauzar, y –en último término– de un estado de conciencia que se sabe proteger.

¿Sueño o realidad?

Antes de contestar a la pregunta, convendría poner a disposición del lector el material en el que, claramente, se relaciona el Viaje Nocturno con el incidente de "la apertura del pecho":

Muhammad dijo: «Yo estaba entre el sueño y la vigilia

cuando el *malak* Ÿibrîl fue a mi encuentro». ʿÂʾisha afirma
que su cuerpo había permanecido en el mismo lugar. Muhammad dijo: «El *malak* Ÿibrîl apareció y me sacó del sueño. Me
llevó a la fuente de Çamçam y me hizo sentar. Me abrió el
vientre hasta el pecho y con sus propias manos me lavó las
entrañas con agua de Çamçam. Con Ÿibrîl estaba otro *malak*,
Mîkâʾîl, que sostenía un barreño de oro que contenía el *dîn* y
el *ʿilm* (la Vía y el Conocimiento). Ÿibrîl llenó con ellos mi
pecho y luego cerró la herida de tal modo que mi pecho quedó como estaba antes, sin que por todo ello sintiese el menor
dolor. Entonces Ÿibrîl me ordenó hacer el *wuḏûʾ* (la ablución)
y me dijo que fuese con él. Le pregunté que adónde y me respondió: "A la Corte de nuestro Señor de los mundos y de las
criaturas".»

De una narración conjunta de ambas experiencias chamánicas del profeta Muhammad –la apertura del pecho y la ascensión celeste– puede deducirse que estos "episodios" no son
algo nítidamente deslindado en el espacio y en el tiempo. Que
pudieron ocurrir durante la vida del Profeta en varias ocasiones, juntos y por separado, porque suponen en sí mismos una
radical alteración del sentido del tiempo ordinario y del sentido del espacio. Por ejemplo, recoge la tradición que hasta tal
punto el viaje duró sólo un instante «que la jarra que Ÿibrîl había volcado al partir (dándole con una de sus alas) no había
aún derramado todo su contenido cuando ya estaba de regreso
en la estancia».[117]
Por esta misma alteración espacio-temporal, no hay que
empeñarse en demostrar que estos episodios ocurrieron *físicamente*. A veces, algunos predicadores del Islam –lamentablemente, los hay– para que aceptemos que todos estos hechos
ocurrieron realmente, no tienen otra forma de defenderlo que
decir que *físicamente* el Profeta viajó por los cielos, que *físicamente* le abrieron el pecho, etcétera.
Nosotros no dudamos de que todos estos hechos *ocurrieron*

realmente, pero nuestra identificación de "lo real", así como los ámbitos que lo real ocupa –en una comprensión desde el *tauḥîd* [la unicidad de lo real]– es probablemente más sutil que la de dichos predicadores. Lo que sucede en el mundo imaginal no es menos físico que lo que sucede con el cuerpo, y lo que sucede en el cuerpo en un hombre unificado no es posible sin una dimensión imaginal. Se nos quiere llevar a la absurda tesitura de ver a Muhammad galopando a lomos de un asno alado por el cielo atmosférico, o, de lo contrario, asumir que estamos negando el dogma de la santa ascensión por el Cielo del Profeta Muhammad.[118] Ni una cosa ni otra.

En efecto, cuando se trata de hablar de lo real, no hay diferencia entre sueño y vigilia, pero conviene no falsear los hechos por nuestros prejuicios que identifican lo onírico con experiencias falsas y lo vivido en vigilia como experiencias reales. Parece que actualmente hubiéramos decidido negar el valor de lo soñado en las sociedades tradicionales (sólo porque nuestros sueños no sean significativos más que de nuestro malestar psíquico).

Lo que sabemos cierto es que el Corán calificó esta experiencia de «visión *(ru'yâ)* que te hemos hecho ver, únicamente como prueba para los hombres» (17:60). La información de 'Â'isha de que aquella noche el Profeta durmió profundamente sin apartarse de su lado, no presenta la menor ambigüedad: «El cuerpo del Mensajero quedó donde estaba, pero Al-lâh transportó su espíritu en la noche», diría 'Â'isha (*Sîra*, 183). Y Muʿâwiya, asimismo, afirmaba que el Viaje Nocturno era «una verdadera visión inspirada por Al-lâh». Según Ibn al-Qaiyim, la opinión de Ḥasan al-Baṣrî fue idéntica.[119] Ibn Isḥâq nos recuerda en este sentido la frase que el Profeta tenía la costumbre de pronunciar: «Mis ojos duermen mientras que mi corazón está despierto».

Elementos chamánicos de la experiencia

ELEMENTO 16. EL CENTRO DEL MUNDO

El Profeta, que está en Meca, tiene primero que viajar hasta Jerusalén (*isrâ'*) para luego ascender a los Cielos (*mi'râÿ*). Algunos se han preguntado por qué Muhammad viaja a Jerusalén antes del Ascenso. La respuesta es: porque un chamán no puede ascender a los cielos más que desde el centro del Mundo, que es, en sus versiones más primitivas, un eje que recorre de arriba abajo todo el universo:

> El ascenso al Cielo a lo largo del Eje del Mundo es una idea universal y arcaica, anterior al paso por las siete regiones celestes (= siete cielos planetarios).[120]

Nótese que todavía en estas fechas para los musulmanes el centro de su universo no era Meca sino Jerusalem. Todavía en esta época la *ṣalâ* (adoración a Al-lâh) de los musulmanes se orientaba hacia el Quds.

ELEMENTO 17. ASCENSO DESDE UNA MONTAÑA

La versión "oficial" del Viaje Nocturno es la que todos conocemos, y de la que ya se ha hablado: el ascenso a través de una escala que parte de *Bait al-Ḥaram al-Aqṣà* en Jerusalem. Hay, sin embargo, otra narración de una "experiencia de ascensión" de Muhammad –desde una montaña– que merece toda nuestra atención:

> Yo he visto una visión veraz. Entendedla. Vino a mí un hombre, me tomó de la mano y me pidió que le siguiera, hasta que me condujo a un monte elevado y abrupto y me dijo: «Sube a ese monte». Yo le dije: «No puedo». Me dijo: «Yo te

lo allanaré». Y comencé a poner mi pie en cada uno de los escalones en que él ponía el suyo, a medida que subía, hasta que
ambos llegamos a asentar nuestra planta sobre una meseta lla-
na del monte.[121]

La narración nos recuerda, naturalmente, los pasajes en los
que Moisés sube al Sinaí o Jesús asciende al monte Tabor.[122]
No nos extrañará que, tanto en árabe como en hebreo, muchas
montañas se denominen a partir de la raíz Q-D-S (árabe), Q-D-
SH (hebreo), que es con la que se quiere significar "lo sagrado" (*quds* en árabe, *qodesh* en hebreo).
Explica Eliade:

> Desde ahora podemos señalar la virtud consagrante de la
> altura. Las regiones superiores están saturadas de fuerzas sa-
> gradas. Todo lo que se acerca al cielo participa, en mayor o me-
> nor grado, de su carácter trascendente. La altura, lo superior, es
> asimilado a lo trascendente, a lo sobrehumano. Toda ascensión
> constituye una ruptura de nivel, una transición al más allá, un
> exceder el espacio profano y la condición humana.[123]

Porque la montaña es el punto más cercano al cielo, subir a
una de ellas no sólo granjea al hombre el prestigio de lo uranio
(el Cielo como inmensidad infinita que sólo podría relacionarse con lo divino), sino que además –y tal vez por eso mismo–
se asocia con el hecho de morir. Son muchas las tradiciones en
las que "morir" se identifica con "ir a la montaña". En asirio,
por ejemplo, "morir" se dice "aferrarse a la montaña". No carece de sentido que así sea: el Sol en su ocaso acaba ponién-
dose tras las montañas, y de todos es sabido que el reino de los
muertos es allá donde muere el Sol:

> Yama, el primer muerto de la tradición mítica india, reco-
> rrió «los altos desfiladeros» para enseñar «el camino a mu-
> chos hombres». El camino de los muertos en las creencias po-

pulares uralo-altaicas sube por las montañas; Bolot, héroe
kara-kirghiz, y Kesar, el rey legendario de los mongoles, entran en el mundo del más allá (es una de las pruebas de la iniciación) por una gruta situada en lo alto de los montes; el chamán efectúa su viaje al infierno escalando unas montañas
muy altas.[124]

ELEMENTO 18. UNA CABALGADURA ALADA

Otro de los elementos chamánicos que observamos en la
experiencia ascensional de Muhammad –nos referimos ahora
a la versión clásica del *isrâ'*– es la cabalgadura utilizada:

> El Mensajero de Al-lâh dijo: «Estaba en pleno sueño
> cuando se me apareció Ÿibrîl trayéndome *al-Burâq*, la mon-
> tura habitual de los profetas. Este animal no se me parecía a
> ninguno de los terrestres; era de una talla superior a la de un
> asno e inferior a la de un mulo. Su silla y arneses eran de una
> blancura más pura que la nieve. Tenía apariencia humana
> pero estaba privado de la palabra; grandes alas de pájaro le
> servían para elevarse por los aires y surcar los espacios; su
> crin, su cola, sus plumas y su pecho estaban bordados con ge-
> mas preciosas que, como millones de estrellas, centellea-
> ban.[125] Lo monté y, en un abrir y cerrar de ojos, me transportó
> al Templo de *Bait al-Haram al-Aqsà*».

A todo lo largo del planeta, un equino (caballo, *al-Burâq*,
Pegaso) es el animal que lleva a las regiones celestes, como el
perro es el animal de los mundos inferiores:[126]

> Los yakutes creen que en otro tiempo los chamanes subían
> realmente a los cielos; los espectadores los veían volar por en-
> cima de las nubes, junto con el caballo sacrificado. Se cuenta
> que en tiempos de Gengis Khan hubo un famoso chamán
> mongol que subió al cielo con su corcel.[127]

ELEMENTO 19. UN GUÍA EN LO DESCONOCIDO

Para llegar a su meta Muhammad se sirvió de Ÿibrîl, como Orfeo utilizó a Caronte, Gilgamesh a Urshanabi, o Henoc a Mîkâ'îl. Todo viaje por lo desconocido necesita de un guía.

En las más antiguas tradiciones del Viaje Nocturno, el modo que emplea Ÿibrîl de levantar a Muhammad de su lecho para que lo acompañase en el Viaje Nocturno es "con el pie":

> Mientras estaba durmiendo en el Hiÿr, Ÿibrîl vino a mí y me dio con su pie, por lo que me incorporé.[128]

Ÿibrîl acompaña a Muhammad y le explica lo que se va encontrando a su paso por las regiones que trascienden el mundo ordinario. Le va presentando a los profetas y haciendo que se le abran las puertas de lo que Muhammad tenía que conocer. Hasta un límite, más allá del cual, Ÿibrîl dice que él no puede pasar. Desde ese lugar, el héroe en cuestión –en este caso, Muhammad– deberá avanzar solo.

(Una lectura literaria del Viaje Nocturno completo –en la que se observarán muchos otros elementos dignos de interés– podrá leerse en el Apéndice III.)

7. ANÁLISIS DE LOS ACONTECIMIENTOS CHAMÁNICOS DE LA VIDA DEL PROFETA (V): LAS REGIONES BEATÍFICAS E INFERNALES

Por coherencia temática hacemos un apartado especial de las experiencias chamánicas de Muhammad en lo relativo a las regiones paradisíacas e infernales, si bien en su momento fueron englobadas tanto en la experiencia de la *wâqi'a* como en la del Viaje Nocturno.

ELEMENTO 20 EL AGUA DE LA VIDA

En el Islam, todos aquellos que no hayan muerto mártires (y hay muchas formas de morir mártir según los hadices)[101] pasarán al fuego de *Ŷahannam*, donde se calcinarán (en realidad, se quemará sólo aquello a lo que se haya aferrado su ego). Pero tras el fuego, conocerán una Resurrección:

> Dijo el Mensajero de Al-lah: (...) Hay (también en *Ŷahannam*) gente a los que alcanzó la *Nâr* (el Fuego) por sus errores. Y les dio Al-lâh una muerte. Sólo a partir de que estén carbonizados Al-lâh permite que les llegue la protección (para salir de allí). Se les trae, ya muertos, y se les echa en los ríos de la *Ŷanna*, y se dice (en voz alta): «Oh, gentes de la *Ŷanna*, echad sobre ellos (agua) con abundancia». Y, entonces, crecen, como crece un grano cerca de un arroyo.[102]

71

A este agua que se vierte sobre los hombres carbonizados se le denomina en el Corán y el hadiz el «agua de la vida».[103] Y, en verdad, el nombre no sólo responde al hecho de que dé la vida, sino a la intuición de que esté viva, como leemos en la descripción del Paraíso compilada por 'Abd al-Malik ibn Ḥabîb. Sobre el modo de fluir de esta agua, Qatâda –el compañero del Profeta– transmitió:

> Si uno de los del Paraíso le señala con el dedo por donde quiere que vaya, le obedece.[104]

Este "agua de vida" es elemento conocido de sobra por los chamanes. También en la siguiente narración tártara –contada por A. Castrén– aparece como elemento de resurrección:

> Kubaiko, la valiente muchacha que descendió a los Infiernos para recoger allí la cabeza de su hermano decapitado por un monstruo. Después de muchas aventuras, y luego de contemplar los distintos tormentos con que se castigan los pecados, Kubaiko se encuentra ante el mismo Rey del Infierno, Irle Kan. Éste le permite llevarse la cabeza de su hermano si sale victoriosa de una prueba: sacar del suelo un morueco de siete cuernos tan profundamente enterrado que sólo se ven las astas. Kubaiko lleva a término la proeza y vuelve al mundo de los vivos con la cabeza de su hermano y el agua milagrosa que le regaló el dios para resucitarlo.[105]

La simbología del "agua que resucita" llega hasta el sacramento cristiano del Bautismo. Lo que se levanta tras la inmersión en este agua es «el hombre nuevo» que decía san Pablo.

ELEMENTO 21. UNA DESCRIPCIÓN DE LAS REGIONES BEATÍFICAS

Aceptamos que las descripciones muhammadianas del Paraíso –desde el punto de vista de la creatividad literaria– resulten para algunos bastante decepcionantes. Tal vez esa evidente indiferencia de Muhammad por hacer literatura a partir de la experiencia extática respondiera, entre otras razones, a una plácida certeza de que la vida corriente el modelo mismo del Paraíso. El Jardín de Muhammad eran sus mismos deseos cotidianos cumplidos. Hay hombres de Conocimiento en el Islam que han llegado a decir que el Paraíso es el propio Muhammad, y que el Fuego es lo que hay fuera de Muhammad. Hablar del Paraíso desde una óptica verdaderamente islámica, por tanto, sin hacer literatura, es hablar del modo de sentir del Profeta su vida diaria.

El Paraíso del Islam se parece mucho a la vida de este mundo: hay un zoco, dunas, árboles, mujeres, ríos, comida y bebida. La materialidad del Paraíso islámico ha llevado a algunos musulmanes –en diatriba religiosa permanente– a afrentar a los teólogos cristianos: «Nuestro Paraíso es más material que vuestra tierra».[129]

Por supuesto, hay aspectos claramente visionarios en la descripción muhammadiana del Paraíso. No sólo nos referimos a los rasgos más extravagantes que contempla toda visión auténtica, como cuando dice que los pájaros del Paraíso son como zanahorias gigantes,[130] sino a esas otras descripciones que ya conocemos por la experiencia extática universal. Principalmente, aquello que tiene que ver con lo metamórfico en el Paraíso. Todo en el Paraíso de Muhammad está dotado de una instantánea capacidad de transmutarse en otra cosa. Leemos en un hadiz *qudsî* cómo nos dice el Profeta:

> Ninguna de las criaturas es capaz de describir esta belleza. Al-lâh había ordenado que todo allí tuviera el aspecto que tenía, *y después ordenaba que tuviera otro aspecto diferente*, y las cosas tenían unos colores que no puedo describir.[131]

La incapacidad de describir el Paraíso es su mejor descripción. La confusión, el balbuceo, el irse desdibujando la experiencia cuando las palabras tratan de decirla son parte de la fidelidad a la visión que se ha tenido. Insistimos en la idea de Islam que defendemos desde hace ya una veintena de años:[132] el profeta Muhammad no "creía" en el Paraíso como no creía en el Fuego, sino que los "experimentó" y la invitación del Islam es a vivir todo eso cuando nos toque pero sin salir de nuestra materialidad y nuestra cotidianidad. Porque si no vivimos ya en esta vida el Paraíso y el Fuego, o mejor, si no sabemos desvelarlos en nuestra experiencia cotidiana, se nos está obligando a aceptar como parte de lo real algo que no está en nuestra experiencia de lo real. El Profeta no comprendió ni racional ni teológicamente que deberían existir el Paraíso y el Fuego; fueron su paladeo del mundo, su experiencia de «lo que ya tenemos entre manos»:

> No era una cosa cualquiera lo que veía, sino que he visto en visiones, en este lugar en que estaba, incluso *Ŷanna* y *Ŷahannam*.[133]

Habría, para concluir, que diferenciar entre los rasgos más originales de las visiones muhammadianas del Paraíso y los elementos de esas visiones más asequibles a la sensibilidad de la gente que le rodeaba. Estos últimos –nos referimos, por ejemplo, a la visión de «los troncos de oro de todos los árboles del Paraíso», «los jardines de oro y plata»,[134] etcétera– deben comprenderse como sublimación en el mundo imaginal de nuestros deseos actuales, y son elementos bien conocidos en la historia de la fenomenología paradisíaca de las religiones. Es incluso en el mundo budista, del que muchos podían pensar que ha perdido el rastro de sus orígenes chamánicos (puesto que nace dotado desde su fundación de una potente metafísica), y sin embargo constatamos idénticas visiones paradisíacas:

> Y estos árboles enjoyados –leeremos en el *Sukhâvatîvyûha*– poseen colores diversos, colores numerosos, muchos

cientos de miles de colores. Están diversamente compuestos de las siete cosas preciosas, en combinaciones varias, es decir, de oro, plata, berilo, cristal, coral, perlas rojas o esmeralda. Estos árboles enjoyados, todos hechos de cosas preciosas, los macizos de bananos y las hileras de palmeras, todos hechos de cosas preciosas, crecen por todas partes en este campo búdico. Por todos lados lo cercan redes de oro y está cubierto de flores de loto hechas de cosas preciosas. Algunas de estas flores de loto miden media milla de circunferencia y otras hasta diez millas.[135]

El Paraíso de Muhammad presenta también una característica común con las manifestaciones que hicieron a su vuelta otros chamanes. Y es la división de las regiones superiores en *siete cielos*:

> El *malak* Ÿibrîl recibió del Todopoderoso la orden de aumentar con parte de luz solar la luminosidad de la luna y con parte de la de ésta la de las estrellas para que todo el firmamento nocturno estuviese resplandeciente de luz; más tarde le dijo que descendiera al lado de Muhammad, que dormía, y lo trajera hasta Él a través de las siete esferas celestes.[136]

ELEMENTO 22. EL ÁRBOL DEL CENTRO

La existencia de un árbol *axis mundi* está certificada en los estratos más antiguos de la cultura:

> Los yakutes creen que en el ombligo de oro de la Tierra crece un árbol de nueve ramas: es una especie de Paraíso primordial.[137]

Los dioses de Nent, en los textos de las Pirámides egipcias, se reúnen bajo un "árbol del mundo"; y el poderoso árbol Kishanu que crecía en Eridu –en Mesopotamia– parece haberlo sido también. En las *Geórgicas* de Virgilio, el roble de Dodona –cuyas raíces llegan hasta el Tártaro– sería otro ejemplo del Árbol del Universo. El "sauce rey" tibetano tiene sus raíces en el submundo, su parte media en el mundo de los hombres y su parte superior en el mundo celestial, exactamente lo mismo que el teutónico Yggdrasil.[138]

En la tradición bíblica, la figura de ese Árbol del Universo aparece en las visiones de Daniel (4:10-12) y Ezequiel (31:3-14).

Muhammad nos transmitirá gran cantidad de hadices que nos hablan de este Árbol Inmenso que crece en el centro mismo del Paraíso:

> En verdad, en el Paraíso hay un árbol cuya sombra no llegaría a cruzar un jinete que la recorriera durante cien años en un caballo veloz[139] [...]. Tûbà es el árbol del Paraíso; la ropa de los habitantes del Paraíso son sus flores.[140]

Pero en la propia Revelación ya aparece el Árbol del Paraíso. Con una argucia filológica se trata de hacerlo pasar desapercibido –¡el Corán es tan gigantesco que puede hacer desaparecer dentro de sí un árbol de tales dimensiones!–:

> *Al-ladzîna âmanû wa 'amilû s-sâlihâti tûbà lahum.*
> («Para aquellos que se confían a Al-lâh y obran bien, suya será la felicidad».)[141]

Tûbà lahum lo hemos traducido "para ellos la felicidad", pero también puede traducirse "para ellos será Tûbà". Nuestra traducción de Tûbà por "felicidad" es un tanto abstracta y pierde la dimensión sensorial de la palabra árabe, aunque al menos no hemos cristianizado la traducción al estilo de los arabistas, que traducen Tûbà por "bienaventuranza". En realidad, Tûbà es el adjetivo intensivo femenino de *atyab*, y, de traducirse como nombre común, debería responder a la idea de "la que huele muy bien, la buenísima por su aroma", pudiendo hacer referencia tanto a un árbol, como a un conjunto de árboles, o a un Paraíso entero de árboles. Bajo ningún concepto puede referirse a un río, como comenta el Corán morabitún de Abdelghani Melara (pág. 211).

Pero, volviendo ahora a la interpretación tradicional de Ṭûbà como nombre propio de un árbol del Paraíso, nos preguntamos: ¿Qué características tendría que tener un árbol para que de entre un jardín de árboles como es el Paraíso del islam se signifique especialmente? Contesta Ibn 'Arabî en sus *Futûḥât*:

> Has de saber que el Árbol de Ṭûbà es al Paraíso lo que Adán es a sus descendientes: Al-lâh lo plantó y le insufló su espíritu. Del mismo modo en que Al-lâh insufló a María su espíritu, que fue por lo que Jesús pudo vivificar muertos y curar al ciego y al leproso (…) Al-lâh hizo de él una sombra para los otros paraísos.[142]

Nuestros sentidos se expanden cuando llegamos en nuestro viaje a este Árbol del Centro que se enraiza en el mismísimo Trono de Al-lâh.[143] Más que en ninguna otra parte del universo visible e invisible, ante este Árbol serán nuestros sentidos los que nos permitirán penetrar o quedarnos fuera de lo que nos ha sido prometido:

> La tierra donde está plantado está hecha de almizcle y ámbar. Pero como el perfume del almizcle y del ámbar es demasiado fuerte, tiene mezcla de alcanfor para temperarlo […]. El sabor de sus frutos es el de la miel añadida al gengibre. A su alrededor la hierba es de azafrán verde, que huele maravillosamente. Al pie del árbol brotan fuentes de vino que son los ríos que fluyen en el Paraíso, de diversos sabores y colores.[144]

No conviene confundir el árbol de Ṭûbà, que se halla en el exacto centro del universo paradisíaco, con el Azufaifo del Límite (*sidrat al-muntahà*) que es hasta donde se le permitió avanzar al Profeta en su ascenso celeste:

> Entonces fui llevado hasta *sidrat al-muntahà*. Sus frutos parecían jarros de arcilla de Hayar, sus hojas eran como orejas de elefantes, y cada una de estas hojas podía cubrir a toda esta *Umma*. Estaba teñido de colores indescriptibles.[145]

ELEMENTO 23. EL ALMA COMO PÁJARO

Uno de los aspectos más arcaicos de la develación muhammadiana de lo invisible es la noción de alma-pájaro:

> El alma del creyente es un pájaro que espera sobre un árbol del Paraíso.[146]

Algún día los investigadores del Islam –musulmanes o arabistas– habrán de hacer justicia al Antiguo Egipto, una deuda mucho tiempo aplazada. En lo que ahora nos atañe, resaltamos que la noción de alma-pájaro muestra una innegable similitud con las creencias de las épocas faraónicas:

> En el antiguo simbolismo egipcio se precisó este sentido dotando al pájaro de cabeza humana. El pájaro, en el sistema jeroglífico, corresponde al determinativo *ba* (alma) y expresa la idea de que el alma vuela del cuerpo después de la muerte.[147]

No es difícil encontrar otros ejemplos tradicionales de la creencia de que el alma, tras la muerte, se transforma en pájaro, ya que pertenece a un arquetipo universal de la mente humana:

> Entre las tribus de América del Norte tenemos conocimiento de los Powhatanes, que se abstienen de causar daño a ciertos pajarillos del bosque que reciben las almas de sus jefes; y sabemos cómo las almas de los Hurones se convertían

en tórtolas después del entierro de sus restos mortales en la Fiesta de los Difuntos [...]. En Méjico, los Tlascalanes creían que, después de la muerte, las almas de los nobles animarían bellos pájaros cantores [...]. De igual modo, en el Brasil, los Içanas dicen que las almas de los valientes se convertirán en hermosos pájaros, que se alimentarán de gustosos frutos [...]. Entre los Abipones tenemos noticia de ciertos patos que vuelan en bandadas, durante la noche, emitiendo un siseo triste, y a los que se imagina unidos a las almas de los muertos; mientras se dice que en Popayán no se mata a las palomas porque están animadas por las almas idas.[148]

En otro hadiz del Profeta leemos:

> Sus almas se encuentran dentro de pájaros verdes, y tienen candiles suspendidos del Trono. Estos vagan libremente por donde les place del Paraíso, y luego se refugian en los candiles.[149]

Al final del hadiz citado se alude, indirectamente, a la noción alma-luz, asimismo de carácter muy arcaico. Un día descubriremos que el Islam es la última supervivencia de la cosmovisión primitiva del hombre y sentiremos por él la ternura que nos despierta el arte aborigen. El Islam, en algunas de sus intuiciones, entronca con el Paleolítico, en otras con el Neolítico, y –así– va recorriendo las edades del ser humano. Lo curioso es cómo este mensaje ancestral que es el Islam ha llegado al mundo actual con una resolución y una capacidad operativa que lo hace merecedor de ser escuchado con seriedad.

ELEMENTO 24. LAS ESPOSAS CELESTES

Uno de los elementos más incomprendidos del Paraíso islámico para la neurótica Europa cristiana fue el de las esposas celestes, las famosas huríes,[150] que aparecen ya en el mismo Libro Sagrado:

Y habrá allí doncellas hermosas de ojos grandes y bellos como perlas bien ocultas, como recompensa por lo que hicieron [...]. En verdad las hemos creado como una (maravillosa) creación haciéndolas vírgenes, amantes de la misma edad.[151]

Los hadices del Profeta han hablado hasta el escándalo de los propios musulmanes de estas mujeres ansiosas del encuentro sexual con su esposo celestial y de las características posteriores del encuentro. Sólo podremos citar algunos ejemplos:[152]

El habitante del Paraíso goza de placer junto a su esposa, en un solo coito, durante un período de setecientos años sin que se acabe[153] [...]. Se le dará la fuerza de cien hombres jóvenes para realizar el coito y tener apetencia sexual. Permanecerá copulando durante un período de cuarenta años; cada día desflorará a cien vírgenes de las huríes.[154]

De hecho, 'Abdul-lâh ibn 'Abbâs, considerado el padre de la exégesis coránica (muerto en el 68 d.H.), entendía que el pasaje del Corán que dice *Ese día los moradores del Jardín tendrán una ocupación feliz* (36:54), se refería a: «Desflorar a las vírgenes y a las doncellas inmaculadas».[155]

Ahora, esta misma Europa que un día se escandalizó de las revelaciones de Muhammad se las tiene que ver con textos de signo idéntico venidos de otras tradiciones:

Sternberg afirma, usando los materiales de V.A. Anochin sobre el chamanismo entre los teleutes, que cada uno de estos chamanes tiene una esposa celeste que habita en el séptimo cielo. Durante su viaje extático hacia Ülgan, el chamán encuentra a su mujer y ésta lo invita a quedarse con ella; con tal propósito le prepara manjares exquisitos. «Esposo mío, joven kam –le dice ella– nos sentaremos ante la mesa azul... ¡Ven! ¡Nos ocultaremos al amparo de los cortinajes y nos amaremos y divertiremos..!».[156]

La esposa celestial de este chamán teleute dice que han cortado el camino de ascenso al Cielo y que su mujer terrestre no es digna de él, así que debe quedarse con ella. De idéntica forma se expresa respecto a las huríes la *sunna* del Profeta:

> No existe mujer de este mundo que perturbe a su marido sin que su esposa de entre las huríes diga: «¡No lo molestes, qué Al-lâh te combata! Él estará contigo sólo temporalmente, y pronto te dejará y vendrá a nosotras».[157]

Ambos pasajes –el teleute y el islámico– nos traen a todos a la memoria esa escena de Ulises en la que Calipso se enamora perdidamente de él y le abastece durante años de todo lo que precisa para hacerle olvidar su vuelta a Ítaca. Y es que, sin la menor duda, el de Ulises es uno de los más claros viajes chamánicos de un héroe occidental.

ELEMENTO 25. EL DESCENSO A LOS INFIERNOS

El que rechaza el orden tradicional debe salir del territorio natural de la tribu y sobrevivir al caos. El héroe, el que reinventa su mundo oponiéndose al orden heredado, es expulsado del cosmos, del orden, y debe ir a "la tierra de los muertos". Lo habitual es que, de todos aquellos que salen del territorio conocido, no se vuelva a saber nunca más. Si vuelve, es un héroe, porque es capaz de enseñar lo aprendido fuera, haciendo evolucionar los usos de la tribu.

Su viaje será luego contado míticamente de mil modos entre las generaciones futuras. Esta realidad primera se carga y complica míticamente situando el mundo de los muertos en el seno de la tierra, pero básicamente es el mismo viaje que emprendió un día el héroe andando recto sin más. Además, este viaje al mundo de los muertos tendrá que ser repetido en determinadas ocasiones por el chamán que rememora al héroe cada vez que pretenda arrancar a los espíritus el secreto de una curación.

No hay ningún verdadero héroe o heroína de ninguna civilización que no haya hecho el viaje a los Infiernos –Izanagi, Ulises, Jesús, Gilgamesh, Orfeo, Ishtar...–. Tampoco Muhammad, el modelo heroico de los mil ochocientos millones de musulmanes que habitan el planeta.

Las descripciones islámicas del Infierno (algunas de las cuales nos llegan en forma de Revelación en un soporte diferente del Corán, al que llamamos "hadices qudsíes") presentan cierta especificidad respecto a otras descripciones del mundo subterráneo de los muertos. La región infernal se llama en árabe "El Abismo" *(Al-Hâwiya)*, "El que tritura" *(Al-Hutama)*, y muchos otros nombres relativos al Fuego *(Nâr, Ÿaḥîm, Ladzà, Sa'îr, Saqar)*. Pero vamos a detenernos ahora en la que quizá es su imaginería más original y plástica: *Ÿahannam*. La *Ÿahannam* es como un pantano de pez pegajosa que hunde a los condenados en ella:

> Algunos de ellos se habían hundido en *Ÿahannam* hasta las rodillas, y a otros *Ÿahannam* los tenía cogidos por los tobillos, a otros hasta sus cinturas, y a otros hasta sus cuellos.[158]

Es verdad, *Ÿahannam* se presenta en los textos como un lugar, un territorio, pero ese animismo que en el Islam lo impregna todo se lleva hasta la misma realidad infernal: así *Ÿahannam* es un pantano con características animales: come, se mueve, agarra... De hecho, la orden que da Al-lâh a los ángeles respecto de *Ÿahannam* al final de los Días ya sugiere su condición animal. Dice Al-lâh: «Traedme a *Ÿahannam*». Y *Ÿahannam* será traída con 70.000 cadenas, cada una de ellas sujeta por 70.000 ángeles.[159]

Hay hadices en los que *Ÿahannam* se comporta como un animal que Al-lâh amansa:

> Todavía sigue *Ÿahannam* diciendo (con ansia de seguir alimentándose): «¿Hay más?». Hasta que Al-lâh le pone enci-

ma su pie (como para tranquilizarla), y dice *Ÿahannam*: «...Bien... Bien... (Me conformo) por tu grandeza». (Se cierra *Ÿahannam*) y se entremezcla lo que hay dentro.[160]

Un animal con comportamientos prodigiosos y extraños, como cuando dice a Al-lâh:

Mi Señor, una parte de mí se ha comido a la otra.[161]

Dentro de ese Pantano de fuego y pez, y una vez más utilizando el lenguaje visual de toda la Revelación, encontramos a los que sufren el tormento:

Y *verás* a los criminales encadenados unos a otros. Sus vestimentas serán de alquitrán hirviendo, y sus rostros serán abrasados por el fuego.[162]

8. LA EXPERIENCIA DE LA MUERTE
Y LA RESURRECCIÓN

Sea a través de la experiencia del Fin del Mundo, del Descuartizamiento de la Revelación, o del viaje del alma a cielos e infiernos, la experiencia fundamental de la iniciación del chamán es, en cualquiera de estos casos, la de la muerte y su posterior resurrección. Los chamanes son seres que vienen de la muerte:

> Entre los esquimales iglulik, el muchacho o la muchacha que quiere volverse chamán debe alcanzar la experiencia de la muerte y la resurrección místicas; cae "muerto" y permanece inanimado tres días y tres noches, o bien es devorado por un enorme oso blanco, etcétera. «Entonces el oso blanco del lago o del glacial del interior saldrá, devorará toda carne y hará contigo un esqueleto, y morirás. Pero volverás a encontrar tu carne, te despertarás…».[163]

Es una información que se repite una y otra vez en los estudios del fenómeno chamánico:

> • El aprendiz de chamán debe afrontar las pruebas de una iniciación que comporte la experiencia de una "muerte" y de una "resurrección" simbólicas. Se considera que durante su iniciación el alma del aprendiz viaja al Cielo y a los Infiernos. Es evidente que el "vuelo chamánico" equivale a una "muer-

te" ritual: el alma abandona el cuerpo y vuela hasta las regiones inaccesibles a los vivos. A través de su éxtasis el chamán se iguala a los dioses, a los muertos y a los espíritus: la capacidad de morir y resucitar, es decir, de abandonar y reintegrarse voluntariamente al cuerpo, indica que sobrepasa la condición humana.[164]

• La elección o la iniciación chamánica en América del Sur conserva en ocasiones el esquema perfecto de una muerte y una resurrección rituales.[165]

En Muhammad, como en todos los chamanes que hayan existido, «el éxtasis no es otra cosa que la experiencia concreta de la muerte ritual; en otros términos, del rebasamiento de la condición humana, profana».[166]

Cuando 'Abdul-lâh ibn 'Umar preguntó al Profeta por la sensación que experimentaba en el momento de la Revelación, le contestó:

> No se me revela algo sin que tenga la sensación de que me arrancan el alma de mi cuerpo.[167]

Más tarde, el profeta Muhammad nos aconsejaría a todos «Morid antes de morir», no con la intención de que asumamos el "negarse a sí mismo" de la mística negativa del cristianismo histórico, sino con el sentido chamánico de conocer ya en esta vida la resurrección de que tantas veces habla el Corán. En estos pasajes, el Libro no se está refiriendo necesariamente a "una vida futura" tras la muerte, sino al despertar en la vida presente. Prueba clara es 6:123: «Quien estaba muerto y le devolvimos la vida, *dándole una luz con la que anda entre los hombres*, ¿puede ser acaso como quien está en las más profundas tinieblas?». En lenguaje coránico, "el que está muerto" es el que no ha iniciado aún su vía de Islam, de reconocimiento de la realidad. Leemos asimismo en 30:51: «Mas tú no puedes hacer que los muertos oigan, ni puedes hacer que los sordos escuchen la llamada, cuando se dan la vuelta mostrando sus espaldas». El muerto (*maiyit*) es el que no escucha la Palabra.

Este mismo espíritu rige el versículo (la *âya*): «¿Cómo podéis cerraros a Al-lâh? Estabais muertos y os dio la vida, y después os da la muerte. Y después os da la vida y después a Él sois devueltos».[168] Está claro que antes de nacer "no estábamos muertos" (*amwât*), sino que simplemente no existíamos. No se refiere, por tanto, a la secuencia "inexistencia/vida actual/muerte/resurrección", sino a otra secuencia dentro de la vida humana que consiste en "estar muerto/vivir/morir/vivir" en una cadena ilimitada que acaba con la vuelta a Al-lâh. Esta *âya* (versículo, signo) describe un proceso que se produce en vida del ser humano en el ámbito de la mística. «Estabais muertos y se os dio la vida» alude a la construcción de tu "yo". «Luego se os da la muerte» se refiere a la imprescindible deconstrucción del "yo" que acaba con tu *fanâ'* (extinción). «Y después os da la vida» indica a la producción de realidad que tiene lugar desde tu "yo" vacío de ti mismo. «Y después a Él sois devueltos» hace por fin referencia a la muerte física del individuo.

De momento, el *fanâ'* (extinción) es ante todo la experiencia que permitirá probar al Profeta esa la Resurrección en la que se basará todo su mensaje profético. Insisto: el Corán es la técnica de la Resurrección ya en esta vida. Quien no lo lea desde la comprensión del hecho chamánico pensará que se nos promete "otra vida" a cambio de nuestro buen comportamiento en ésta, siempre el *do ut des* ("te doy para que me des") propio de la naturaleza mercantilista de la religión.

Evidentemente, la experiencia de la muerte y la resurrección, tan clásica en el chamán, no responde a una experiencia particular de Muhammad, sino a todo acceso extático, así fuera de Descuartizamiento, de Apocalipsis, de Revelación o de Viaje Nocturno. Cualquier realidad es efímera, pero vivir cada una de ellas intensamente es lo único eterno a lo que tendremos acceso; esto es lo que se llama en árabe el *baqâ'* [la permanencia]. Muhammad ya no está en el universo separado en que la vida es vida y la muerte es muerte, sino que cruza de uno a otro lado, y hay muerte en la vida y vida en la muerte. Todo es vida, todo es muerte en el universo unificado de Muhammad. Él lo dijo expresamente en forma de *du'â'* (petición a Al-lâh):

> Líbrame del engaño de la vida y de la muerte.[169]

No podemos separar la muerte de la experiencia cotidiana de Muhammad, como no podemos separar el sueño de la vigilia, porque estamos en la experiencia de un hombre integral en permanente *tauhîd* (unicidad de lo real). Y, de ese modo, con pleno convencimiento de ello, decía que cada noche tenía lugar la muerte del hombre durante el sueño y que cada mañana era resucitado.

Cuando, en los últimos años, se le ordenó combatir, incorporó esta experiencia de la naturalidad del encuentro con la muerte como iniciación chamánica de los musulmanes. El que no está dispuesto a morir en cualquier instante no está vivo; y «del que muere en *ÿihâd*, no digáis que está muerto». Todo aquel que no sea capaz de *ÿihâd* no tiene derecho a compartir la *Ÿanna* de la intimidad con Al-lâh.

9. DEVELACIÓN DE
UN SECRETO A VOCES

Hemos visto con detenimiento muchos fragmentos de la vida del profeta Muhammad (un hombre sin contacto alguno con pueblos como el esquimal, el australiano o el malayo), sin la cultura necesaria para falsificar una experiencia chamánica, y hemos comprobado cómo sus vivencias siguen los patrones requeridos para el calificativo de "chamán". Si hemos de aceptar el criterio de Mircea Eliade, nos veremos obligados a reconocer la naturaleza chamánica del profeta Muhammad, pues el reconocido fenomenólogo de las religiones afirmó en conclusión:

> En cuanto al contenido de estas experiencias extáticas iniciáticas, aun siendo bastante rico, admite casi siempre, uno o varios de los temas siguientes: descuartizamiento del cuerpo, seguido de una renovación de los órganos internos y de las vísceras; ascensión al Cielo y diálogo con los dioses o los espíritus; descenso a los infiernos y conversaciones con los espíritus y las almas de chamanes muertos; diversas relaciones de orden religioso y chamánico (secretos del oficio). Como se ve fácilmente, todos estos temas son iniciáticos. Todos están atestiguados en algunos documentos; en otros sólo se mencionan uno o dos (descuartizamiento del cuerpo, ascensión al Cielo).[170]

Todos los rasgos arriba mencionados son fácilmente reconocibles en las más antiguas biografías de Muhammad, y por tanto todo estudioso serio del fenómeno islámico debe tenerlos en cuenta. Otra vez Eliade:

> Aunque el elemento importante de una iniciación parece ser el despedazamiento del cuerpo y la sustitución de los órganos internos, existen aún otros medios de consagrar a un hombre-médico, y, en primer término, la experiencia extática de una ascensión al Cielo, seguida de una instrucción por parte de seres celestes. En ocasiones, la iniciación entraña a la vez descuartizamiento del candidato y su ascensión al Cielo (así acontece por ejemplo entre los Binbinga y los Mara).[171]

Y así le ocurrió al profeta Muhammad… Nos preguntamos y preguntamos extrañados a los especialistas con que nos hemos encontrado: ¿Por qué admitir el chamanismo de todos los chamanes del mundo y no el del profeta Muhammad, si son experiencias que obedecen a un patrón idéntico?

Lo cierto es que sin la dimensión chamánica no comprendemos a Muhammad. Podríamos excusarnos hasta cierto punto diciendo que la tradición islámica no está familiarizada con el estudio del fenómeno chamánico, pero la excusa deja de tener consistencia cuando comprobamos que, una vez que se pone a los musulmanes en conocimiento de éste, siguen sin interesarse por él. El hecho mágico es un universo en el que hay una infinidad de matices desde lo beatífico hasta el horror, desde lo fraudulento hasta esa verdad que se escapa a nuestro rigorismo positivista, y por eso hay innumerables palabras en nuestro propio idioma que marcan las diferencias: curandero, sanador, mago, brujo, encantador, hechicero, adivinador, visionario, espiritista, chamán, etcétera.

En particular, de los acontecimientos de la vida del Profeta, la apertura del pecho y el Viaje Nocturno ofrecían un paralelismo difícil de ignorar con las experiencias de los chamanes.

Veamos cómo el arabista Hartmut Bobzin no pudo menos que ver la semejanza que ofrece el Viaje Nocturno con las narraciones de otros chamanes:

> Por supuesto, el Viaje Nocturno puede interpretarse de otra manera, sobre todo si se tienen también en cuenta otras variantes de esa historia. Recuerda al "viaje celestial del alma" como lo cuentan extáticos y chamanes. Tal y como permite saber la pregunta de los ángeles guardianes («¿Él ha sido enviado?»), la ascensión al cielo sirve como una especie de iniciación profética.[172]

Y también Gaudefroy-Demombynes dedica unas líneas a mostrar que no le ha pasado por alto el paralelismo entre la apertura del pecho y las experiencias chamánicas:

> Pero la sustracción de las entrañas y la introducción de un elemento mágico y purificador es un acto de iniciación conocido.[173]

Cualquier arabista que cuente con una formación mínima en historia comparada de las religiones habrá de reconocer –como Hartmut Bobzin, Maurice Gaudefroy-Demombynes o Maxime Rodinson–[174] que el profeta Muhammad tuvo las mismas experiencias que ahora leemos en los relatos que han dejado etnólogos, misioneros, antropólogos, geógrafos, militares y viajeros sobre los chamanes que encontraron a su paso a todo lo largo y ancho del planeta:

> El mago Kurkutji (entre los binbinga) cuenta cómo, al entrar un día en una caverna, encontró al viejo Mundadji, que lo cogió por el cuello y lo mató. «Mundadji le abrió el cuerpo a la altura del talle, le quitó los órganos internos y, depositando los suyos propios en el cuerpo de Kurkutji, añadió a los mismos un cierto número de piedras sagradas. Cuando todo esto

acabó, Munkaninji, el espíritu más joven, se acercó a él y le devolvió la vida; le hizo saber que era ya un hombre-médico y le enseñó cómo se arrancaban los huesos y la manera de liberar a los hombres víctimas de la mala suerte. Después de hacerlo subir hasta el Cielo, lo trajo a la Tierra, a su campo, donde los indígenas lo lloraban creyéndolo muerto. Permaneció mucho tiempo dominado por el sopor, pero, poco a poco, volvió en sí; entonces los indígenas comprendieron que se había convertido en hombre-médico.[175]

¿Qué diferencias pueden encontrarse entre este texto –en el que se nos habla con toda naturalidad del Descuartizamiento y del Viaje al Cielo de un chamán– y los relatos que hemos leído en cualquiera de las vidas escritas sobre Muhammad?

Es verdaderamente digno de estudio cómo, después de reseñar miles de experiencias chamánicas de los más diversos ámbitos y culturas, sólo o de forma puntual, Mircea Eliade se digna incluir alguna de las experiencias de Muhammad entre las de los chamanes:

> Parece segura la autenticidad de estas experiencias. La resistencia inicial de Mahoma recuerda la de los chamanes y los numerosos místicos y profetas a aceptar su vocación.[176]

De hecho, los occidentales hemos sabido siempre más de esta naturaleza chamánica de Muhammad de lo que nos atreveríamos a reconocer. Por ejemplo, *La Divina Comedia* es el esperpento deliberado de la experiencia chamánica de Muhammad. El libro de Dante es en sí una Ascensión Celeste, imitación de la de Muhammad,[177] en la que Ÿibrîl ha sido sustituido por un poeta, y a Muhammad nos lo encontramos en el octavo infierno... ¿Cómo? Con el pecho abierto. ¿Es casualidad que, de todos los tormentos posibles, Dante escogiera la experiencia que marcó su iniciación chamánica? ¿Fue una intuición inocente?

> Jamás tonel sin duela o desfondado viose como uno allí,
> todo él abierto, desde la barba al vientre, el desdichado.
> Su corazón se muestra al descubierto;
> Sus intestinos cuelgan, y es su saco de excrementos depó-
> sito entreabierto.[178]

Muhammad, en los estudios de fenomenología religiosa realizados en Occidente, es un personaje que se ha quedado a mitad de camino. Se establece una dicotomía inexistente entre "lo profético" y "lo chamánico", y a Muhammad no se le reconoce ni lo uno ni lo otro. No es un "chamán" porque él declaró ser "profeta"; y no es "profeta" porque –desde hace muchos siglos– los occidentales sabemos que fue un farsante. O un loco; eso todavía no lo hemos decidido.

10. LÓGICA CHAMÁNICA CON QUE OPERA EL PROFETA

Y, sin embargo, igual que el estudioso pronto se da de bruces en la Vida de Muhammad con acontecimientos como la Apertura del Pecho o el Viaje Nocturno, a poco que los musulmanes recordemos lo que en algún momento hemos oído del Profeta –antes de cualquier investigación rigurosa– nos percatamos de que, como mínimo, ya teníamos noticia de tres hechos en los que Muhammad opera con una lógica no racional, mágica, chamánica.

El primer evento que recordamos fue cuando en la batalla de Badr el Profeta coge arena del suelo y la arroja en dirección al ejército enemigo, añadiendo: «¡Que sus rostros sean desfigurados!», con una clara intención de producir "mágicamente" la victoria de los musulmanes.[179] Gesto que, al parecer, fue repetido en la batalla de H̱unain:

> El Profeta tomó algunos guijarros y los arrojó en dirección a los enemigos, y dijo: «Que sean derrotados por el Señor de Muhammad».[180]

El segundo hecho que nos viene al recuerdo es ese hadiz luminoso, que es inexplicable en términos de pura racionalidad:

> El Profeta pasó junto a dos tumbas, cuyos muertos estaban siendo castigados, y dijo: «¿Acaso no están siendo casti-

gados estos dos en sus tumbas?. Pero no están siendo castigados por nada grave: uno de los dos solía comer las carnes de
la gente (entiéndase, era maledicente y calumniador), el otro
no acostumbraba a guardarse de la orina». Acto seguido,
tomó una rama verde, la partió en dos, y plantó una parte en
cada tumba, añadiendo a continuación: «¡Tal vez les alivie a
ambos mientras estén verdes!».[181]

De nuevo estamos ante un acto chamánico. Porque, ¿qué
tiene que ver desde la óptica de una concatenación racional de
hechos *el verde de la rama* con *el sufrimiento del difunto*?
Aparentemente nada, y sin embargo el Profeta no titubea respecto a lo que tiene que hacer. No teoriza, actúa: pone un trozo de palma verde sobre cada tumba esperando que esas ramas
alivien los sufrimientos de los difuntos. Es un universo de relaciones que se nos escapan, porque nosotros sólo sabemos
operar sobre causas-efectos de orden racional. Es definitivo
este hadiz para demostrar que el Profeta no sólo percibía
–como los chamanes– las manifestaciones más sutiles de los
seres sino que –como ellos– actuaba relacionando hechos sin
aparente conexión para producir efectos benéficos.

Un tercer hadiz muy conocido nos lleva a preguntarnos
qué, sino gesto chamánico, es cantar sobre un poco de comida
y mezclar con ella saliva a fin de conseguir que pueda alimen-
tar a una multitud. Nos lo transmite Bujârî:

> Durante la batalla del Foso, cuando estaban trabajando en
> el foso, no había comida. El Profeta y sus compañeros esta-
> ban cavando día y noche sin alimentarse. Ÿâbir tenía un cor-
> dero. Él lo sacrificó y pidió a su mujer que cocinase un poco
> de pan con harina de cebada. Ÿâbir vino al Profeta y le invitó
> al festín. Aunque le había invitado sólo a él, el Mensajero lo
> anunció a todos e invitó a su vez a todos sus compañeros
> (unos 3.000) al banquete. Cuando llegó el Mensajero con to-
> dos sus compañeros, Ÿâbir se quedó consternado. De todas

formas, el Profeta le dijo que trajera la comida. Cantó algo y mezcló su saliva con aquella comida y fue más que suficiente para todos.[182]

Un hadiz impresionante. Sobre todo para aquellos que piensan que el Islam es una religión que se abre paso contra la sensibilidad mágica.

11. EL UNIVERSO MÁGICO
DE MUHAMMAD

Dejamos la memoria a un lado y nos disponemos a hacer una investigación paso a paso, hadiz por hadiz, que nos llevará finalmente a comprender que el universo en que se mueve Muhammad es completamente mágico. El Profeta creía en los exorcismos y las posesiones demoníacas,[183] en la verdad de los sueños[184] y en el poder de las maldiciones.[185] Convocaba a la lluvia[186] y sabía la razón de los vientos:[187]

> El Profeta volvía de un viaje. Cuando estaba cerca de Medina comenzó a soplar tal viento que podía enterrar a un jinete. El mensajero dijo: «Este viento ha sido enviado para la muerte de un hipócrita». Al llegar a Medina supimos que el jefe de los hipócritas, Rifâ'a ibn Ḏarîr, había muerto.[188]

Además, se relaciona con toda naturalidad con seres invisibles a los ojos humanos: ángeles, genios y demonios. Estaba convencido de que el hombre se disputa milímetro a milímetro con el Shaiṯân un universo que se ve obligado a compartir con él. Decía que el Shaiṯân orinaba en las orejas de los que dormían durante la mañana;[189] que el que bebía de pie, o no comía lo que se caía al suelo, alimentaba al Shaiṯân;[190] que los shayatines no podían abrir las puertas cerradas con el nombre de Allâh;[191] que los camellos descendían de los demonios;[192] que el Shaiṯân pernocta en la parte más profunda de nuestra nariz;[193]

que cuando el asno rebuzna ha visto a un *shaiṭân;*[194] que las epidemias eran causadas por los genios perversos con el permiso de Al-lâh;[195] que el recién nacido llora porque lo toca el Shaiṭân,[196] etcétera.

Muhammad convivía –como el resto de los árabes del Hiÿaç, o tal vez más que ningún otro– con una infinidad de presencias invisibles con el total convencimiento de que éstas le ayudaban, le protegían, le acosaban o le dañaban, con el permiso de Al-lâh.

Sólo contando a las criaturas dañinas en las que creía Muhammad –y que habitaban en el desierto– ya darían para un libro. Los englobamos a todos en la categoría de *ÿinn*, pero los hay de muchas clases: el *'âmir* (al que se atribuía el crecimiento de las cosas), el *mârid* (rebelde que causa enfermedades), los *aruâ*ẖ ("los espíritus", con el mismo sentido que tiene en castellano), o los *'afârît* (juguetones y destructivos).

En cierta ocasión el Profeta forcejeó con un *'ifrît*: «Un genio muy perverso *('ifrît)* se arrojó sobre mí ayer para interumpir mi *ṣalâ* [adoración a Al-lâh], pero Al-lâh me dio poder sobre él. Entonces lo apresé y quise atarlo a uno de los pilares de la mezquita para que lo vierais todos vosotros».[197] En otra ocasión, contaba cómo el mismo Iblîs fue a él con intención de dañarlo: «El enemigo de Al-lâh, Iblîs (el príncipe de los shaitanes), vino con una llama de fuego para ponerla en mi rostro. Entonces dije: "Me refugio en Al-lâh de ti". Tres veces. "¡Te maldigo con la maldición completa de Al-lâh!" Pero no se retiró en ninguna de las tres ocasiones. Entonces quise capturarlo, y ¡por Al-lâh! si no fuera por el ruego de mi hemano Sulaimân (el profeta Salomón) estaría atrapado y sería objeto de juego de los niños de Medina».[198]

Muhammad nos dijo que hay genios que vuelan por el aire;[199] que cada uno de nosotros tenemos un *ÿinn* compañero *(qârin);*[200] que los genios hacen sexo con otros genios o con humanos;[201] y que cuando una serpiente entre en nuestra casa, le concedamos tres días antes de matarla, pues podría ser un

genio que quiere islamizarse.[202] El Profeta enseñaba que hay
genios que son justos y que algunos se hacen musulmanes,
como aparece en el Corán 72:11 y 72:14. Los primeros genios
se islamizaron porque en cierta ocasión escucharon furtivamente al Profeta. A los que se pregunten cómo supo el Profeta
que le escucharon esos genios si fue "furtivamente", les responde la tradición que a Muhammad «un árbol se lo contó».[203]
Desde entonces, en ocasiones, el Profeta se escabullía para encontrarse con un grupo de genios a los que enseñaba el Corán.[204] Y se cuenta que, en beneficio de algunos genios venidos
del Yemen que se quejaban de pasar mucha hambre, Muhammad pidió a Al-lâh que cada vez que encontrasen un hueso ha-
llasen en él alimento.[205] Como vemos, la relación de Muhammad con los genios no fue traumática. El Profeta nos enseñó a
relacionarnos con delicadeza con todo lo existente. Por todo
ello, a veces al referirse a los genios ante los musulmanes los
llamaba «vuestros hermanos, los genios».[206]

En lo relativo a las presencias angélicas, Muhammad prohibía que se escupiese a la derecha mientras se hacía la *salâ*, argu-
mentando que en esos momentos un ángel se encontraba justamente allí;[207] nos dijo que los ángeles odian el olor a ajo, puerro
y cebolla;[208] que hay ángeles con cuernos como los demonios,[209]
etcétera. Las citas de las creencias populares que compartía
Muhammad con sus coetáneos no tendrían final.[210]

Sin embargo, no por ser sus experiencias complejas –como
todo lo trascendente–, dejan de tener referentes extraodinaria-
mente cotidianos. Por ejemplo, veía a los shayatines cambiar
de camino cuando iban a cruzarse con 'Umar,[211] a los ángeles
guardando el pudor con 'Uzmân,[212] y a algunos personajes de
la Arabia de su tiempo sufriendo el tormento del Fuego mientras que a otros los vio gozando los placeres del Paraíso.[213]

Muhammad vivió sin duda en más de una dimensión a la
vez. En cierta ocasión, en plena *salâ*, dio unos pasos adelante
y luego volvió a su sitio; cuando le preguntaron qué le había
ocurrido, contestó que estuvo en el Paraíso, y que hizo por

atrapar un racimo de uvas del que «podrían haber comido mientras durara este mundo». Y –seguía contando– que más tarde vio el Fuego, y que eso le hizo retroceder.[214]

La sensibilidad de Muhammad estaba abierta a los diversos mundos. Por ejemplo, sabemos que escuchaba crujir los Cielos por la presencia multitudinaria de los ángeles:

> Cuando el Mensajero de Al-lâh estaba con sus compañeros, les preguntó: «¿Escucháis lo que yo estoy oyendo?». Y le respondieron: «Nosotros no escuchamos nada». Entonces él les dijo: «Puedo oír el crujido de los cielos, y no me sorprende que crujan, porque no hay lugar del tamaño de la palma de una mano sin un ángel, ya sea postrado o de pie».[215]

El mundo de "la escucha" no es menos fascinante en Muhammad que el mundo de "la visión". Compruébese, por ejemplo, cómo "tiene sabor de *haqq*" –de realidad, de experiencia auténtica– el hadiz del sonido de las alas de los ángeles:

> Los ángeles agitan sus alas en señal de sumisión a lo que Él ha dicho como una cadena golpea una piedra[216]

La mera recitación del Corán genera atmósferas completamente mágicas:

> Cierto compañero del Profeta recitó la *sûra* Kahf en su *salâ*. Un animal de los que se usaban en la casa como montura se aterrorizó y comenzó a dar saltos. A esa persona, mientras acababa su *salâ*, le sobrevino como una nube o una niebla que lo cubría. Cuando él contó al Profeta lo ocurrido, el Mensajero le dijo: «Eso fue un signo de paz que descendió a ti por la recitación del Corán».[217]

En este universo fantástico de Muhammad no es inverosímil que sobre la tumba de un íntimo de Al-lâh haya una luz maravillosa,[218] o que la tierra se niegue a albergar en su seno a un musulmán apóstata que ha fallecido y lo escupa una y otra vez tras su enterramiento.[219]

Es cierto que, por ejemplo, Muhammad no aceptaba la eficacia de los talismanes de los idólatras. Pero esto no supone *per se* la superación de la lógica de lo mágico, ya que la idea de que haya un instrumento de protección no ha desaparecido de su mente. Simplemente, a partir de ahora el Corán –con un valor talismánico– sustituirá a los anteriores instrumentos de protección:

> • Quien lea el versículo del Trono (2:254), Al-lâh no dejará de protegerlo, y no podrá acercársele el Shaitân hasta la mañana siguiente.[220]
>
> • El mejor refugio que pueden buscar las personas, lo encontrarán en *al-Falaq* y *an-Nâs*.
>
> • El Mensajero de Al-lâh ordenó a 'Abdul-lâh ibn Jubaid que recitara *sûrat al-Ijlâs* y las últimas dos suras del Corán, tres veces por la mañana y tres veces por la tarde.[221]

Estamos, por tanto, en el primer estadio de la intuición religiosa: la eficacia de lo mágico.

Respecto a las creencias de la época preislámica, simplemente, la fuente de la protección ha cambiado, pero no la forma de ésta.

Desde los tiempos del Profeta, no hay musulmán que dude de que el Corán cura, con el permiso de Al-lâh. Los casos de curaciones con el Corán son tantos –de antes y de hoy día–, y es un hecho tan conocido por los musulmanes, que es suficiente con dar una muestra. Se relata en las *Sunan* de Abû Dâ'ûd (en el capítulo «La medicación») que el Mensajero de Al-lâh recitó algo del Corán sobre un recipiente con agua y luego vertió su contenido sobre un enfermo.[222]

Es cierto que Muhammad no creía en los malos augurios,[223] pero se dejaba animar por los buenos. Nunca atribuía a ningún augurio el éxito o el fracaso de nada de lo que le ocurría, sino sólo a la voluntad de Al-lâh, pero a veces tenía que sobreponerse al pálpito de mal augurio en algo que sucedía. Decía: «No hay entre nosotros quien no sienta en su corazón algo ante un (mal) presagio, pero los destruye Al-lâh cuando el siervo deposita en él su confianza».[224] Cuando enviaba a un mensajero a una misión, siempre le preguntaba cuál era su nombre; si el nombre no le gustaba «se le notaba en el rostro».[225] No podía evitar las supersticiones de las que –como árabe de su tiempo que fue– también él partía, pero luchó denodadamente contra todo lo que sea no confiar absolutamente en Al-lâh. Afirmaba por consiguiente que es un acto de idolatría abandonar un buen proyecto por un mal augurio.[226] Y, al mismo tiempo, pensaba que no había nada malo en sentir que algo alienta el éxito de una empresa:

> • Narró 'Uqba Ibn 'Âmir que en cierta ocasión fueron mencionados los agüeros en presencia del Mensajero de Al-lâh, y éste dijo: «El mejor de ellos es *al-fa'l...*».[227]
> • Narró Anas que el Mensajero de Al-lâh dijo: «No hay contagios ni agüeros, pero me agrada *al-fa'l...*».[228]

Al-fa'l son todas aquellas acciones, gestos o palabras que "dan buena espina", como diríamos en castellano. Quizá la palabra "augurio" sería muy altisonante, pero la traducción wahhâbí "palabras de aliento", que trata de disfrazar la dimensión mágica del término, claramente tergiversa el sentido y confunde.

Menos o ninguna duda ofrece el mal de ojo *('ain lâmma:* "el ojo que perturba"), en el que firmemente creía Muhammad,[229] y que pertenece de pleno derecho al mundo de la magia:

> Si encontráis alguna cosa magnífica en vosotros mismos, o en vuestro hermano, o estáis impresionados por un bien cualquiera, decid entonces la bendición (por ejemplo, *Mâ*

sha'a lâh: «tal es la voluntad de Al-lâh») pues el mal de ojo es cierto.[230]

No sólo creía en el mal de ojo, sino que dijo estarlo sufriendo en más de un momento de su vida. Veamos cómo cierta vez "desanudó" el hechizo de que era objeto. Es un hadiz que se remonta a 'Â'isha:

> El Mensajero de Al-lâh había sido hechizado hasta tal punto que tenía la seguridad de haber hecho cosas que no había hecho en realidad. Un día que estaba junto a mí, él suplicó a Al-lâh sin cesar. Después, dijo: «Oh 'Â'isha, ¿sabes que Al-lâh me ha revelado lo que tanto deseé saber? Dos hombres (ángeles) vinieron a mí; uno de ellos se ha sentado en mi cabeza y el otro entre mis piernas, entonces uno de ellos dijo a su compañero: "¿Qué aqueja a este hombre?". El otro respondió: "Está hechizado". El primero preguntó otra vez: "¿Y quién lo ha encantado?". El segundo replicó: "Labîd ibn al-A'sam, el judío". El primero volvió a preguntar: "¿Y con qué cosa (lo ha hechizado)?". El segundo dijo: "Con un peine que tenía restos de algunos cabellos y una espata de los estambres de una palmera macho". El primero preguntó otra vez: "¿Dónde están esas cosas?". Y el segundo le dijo: "En el pozo de Dzarwân"».
>
> El Profeta fue al pozo con un grupo de sus compañeros y dijo: «Éste es el pozo que me ha sido mostrado. Sus aguas son como la maceración de la *henna* (de un marrón-rojizo intenso), y sus palmeras son como cabezas de demonios».[231]

Hasta tal punto el mal de ojo en el que creía el Profeta pertenece a esta mentalidad mágica que –según el Islam nos enseña– uno puede causarse a sí mismo un mal de ojo.[232] Mentalidad mágica en estado puro... Del mismo modo que corresponde a dicha mentalidad la petición a Al-lâh [*du'â'*] cuando se te recomienda que no pidas nada contra ti mismo porque se cumple.[233] Como si Al-lâh no fuera un Dios sabio y bueno que te da lo que necesitas, sino una forma de proyectar tu voluntad hacia el universo. Exactamente, como ocurre en la mentalidad mágica. En ella, el hombre es el dueño de las energías de las que depende su vida, mientras que la mentalidad religiosa cuando evoluciona hace responsable último a Dios de nuestro destino, a cambio de "creer en él".

El *îmân* de Muhammad no era la fe en dogma alguno, sino un auténtico escudo mágico que le protegía:[234] se dice que era capaz de cambiar la voluntad del que iba a matarlo,[235] que entre él y su asesino «se levantaba un terrorífico abismo de fuego» y que se sabía protegido por un ejército de ángeles.[236] Los musulmanes transmiten por tradición, sin creer estar atentando contra el sentido común, que cuando Al-lâh lo permitía Muhammad era invisible a los ojos de sus enemigos,[237] que el agua manaba de sus dedos,[238] o que en cierta ocasión pulverizó una roca con su saliva.[239]

Los que se enfrentan a toda esta serie de intuiciones con una actitud religiosa, se autoimponen la obligación de creerlas o rechazarlas. Ambas respuestas se salen por completo del propósito de la Revelación a Muhammad. En el Islam no se te obliga –por poner algunos ejemplos– a creer que los ángeles que van a juzgarte en la tumba –Munkar y Nakîr– son negro y azul,[240] que los meteoritos son las llamas que les son arrojadas a los genios que van a robar secretos al Cielo,[241] o que en otro tiempo los hijos de Israel fueron transformados en monos y cerdos, mientras que los genios fueron convertidos en serpientes.[242] Simplemente, se te invita a dejarte envolver por el hechizo del mundo inaudito del profeta Muhammad. Volver a ser un niño en *fiṭra* (naturaleza primordial), criatura que no ha perdido la inocencia, «que no ha sido mutilada», como decía el Profeta. Un niño que se deja mecer en el arrullo de la maravilla que le llega en forma de palabra.

Pero no hay que sacar las cosas de quicio. Tan equivocado es el planteamiento proselitista moderno de presentar al Profeta como un filósofo ilustrado (decidido a poner fin a toda realidad racionalmente incomprensible), como creer que fuera rehén ocasional de una mentalidad mágica que–aunque querría– no iba a lograr superar. No podemos sino acusar con cierto desagrado la intención de Maurice Gaudefroy-Demombynes cuando vemos que se esmera en resaltar todos los momentos de la vida del Profeta en los que él cree que Muhammad demuestra cierta incoherencia entre la magia que prohibía a los otros y la magia en la que él mismo caía:[243] cómo el pacto de Hudaibiya se lleva acabo bajo un *samura* (el árbol sagrado de los árabes), con cuyas hojas frotará Muhammad a un hombre como preparación para un combate; cómo es la camella de Muhammad la que escoge el emplazamiento de la futura mezquita de Medina (tal como se hacía cuando estos animales se dejaban a voluntad del *ÿinn* para que lo encaminara hacia un pozo de agua); cómo el Profeta confía a la suerte (cuyos métodos usuales –puntas de flechas, piedras arrojadas, líneas dibujadas…– tanto detesta) la mujer que le acompañará en una de sus expediciones; cómo se escuchan en su boda con 'Â'isha esos gritos de buenos augurios (*jair ṯair*: "buen (vuelo de) pájaro") cuya creencia con tanto esfuerzo trataba de desarraigar de los musulmanes, etcétera. La mayoría de estos ejemplos están forzados, y los que no lo están no tienen importancia. Una cosa es que el Profeta conserve una mentalidad esencialmente mágica, y otra bien distinta es que tenga dos varas de medir, la que aplicaba a sus propios asuntos y la que empleaba para los de los demás, que es lo que parece que retorcidamente trata de insinuar el insigne arabista. Cuando el Profeta comprendía que cierto aspecto mágico de la mentalidad de su tiempo atentaba contra *lâ ilâha il-lâ l-lâh*, [la falsedad de los ídolos] su actitud era de una coherencia y una firmeza encomiable. Mientras no atentara contra la unicidad y el poder de Al-lâh sin asociarlo con nada, no había el menor obstáculo en actuar según la única mentalidad que existía en el momento.

12. LA INICIACIÓN CHAMÁNICA DE MUHAMMAD

Posibles vías de la iniciación

Es un hecho de sobras conocido por los especialistas en el tema que para ser chamán no es imprescindible el haber sido iniciado por otro chamán, ya que se puede recibir una iniciación directa obtenida a través de los espíritus de los chamanes ya fallecidos o de otras entidades intermedias del mundo de lo no-visto. Ser chamán o no serlo depende de haber recibido una especial sensibilidad y saber encauzar esa predisposición natural hacia el bien de la sociedad en que se vive. Son innumerables las iniciaciones chamánicas que no han sido realizadas por seres de carne y hueso, sino que se han producido en un espacio *imaginal*, absolutamente real pero no físico. Afortunadamente, en esta línea va ese alucinante hadiz que nos cuenta cómo Ÿibrîl le hizo un exorcismo a Muhammad contra el mal de ojo que sufría:[244]

> Ÿibrîl vino al Profeta y le dijo: «Oh Muhammad, ¿estás enfermo?». Él le respondió: «Sí». Entonces le dijo: «En el nombre de Al-lâh realizo *ruqia* [exorcismo] en tu beneficio, de cuanto está afligiéndote. Del mal de cada ser viviente, o de cada ojo envidioso, que Al-lâh te sane, en el nombre de Al-lâh realizo *ruqia* en tu beneficio».[245]

Más claro aún podría quedar el tema de la iniciación directa de Muhammad a través de Ÿibrîl, cuando sabemos que algunas veces Ÿibrîl se aparecía corpóreamente. Hasta el punto de que podía ser visto por cualquiera que estuviese con el Profeta.[246]

No resulta forzado defender que el Viaje Nocturno es una iniciación en sí misma, pues en ella se producen una serie de encuentros con "autoridades espirituales" de otro tiempo. Durante el *mi'raÿ* son los profetas anteriores los que aceptan a Muhammad como a un igual. Esta tesis vendría avalada por un detalle de la narración muhammadiana de dicho Viaje Nocturno que a menudo ha pasado desapercibido a la crítica. Cuenta el Profeta: «Pasé cerca de Moisés en la noche del *isrâ'* y se encontraba orando en su tumba».[247] En su tumba. No es, pues, un viaje astral. Es un viaje por entre tumbas, es un encuentro con los maestros del espíritu que nos precedieron. Es como una especie de peregrinación osiríaca por la tierra de los muertos.

No es tampoco improbable que Muhammad recibiera una iniciación de parte de alguien de su entorno –siempre más fácil de aceptar para nosotros que una iniciación a través del sueño o del contacto con criaturas de lo no-visto–. Y, en este sentido, convendría hablar de la relación que mantuvo con el eremita unitario Waraqa ibn Naufal.

Waraqa es un personaje decisivo en la vida de Muhammad. Un árabe que sabía hablar hebreo y que tradujo los Evangelios del siriaco al árabe,[248] pues se había convertido primero al judaísmo y luego al cristianismo. Waraqa, finalmente, devino *hanîf*, es decir, creyente en ese unitarismo abrahámico –liberado de toda tradición religiosa posterior– que va a ser el pensamiento-madre del Islam de Muhammad. Waraqa aparece por primera vez en la vida del Profeta antes de su concepción. Cuentan las sîras de Muhammad, que cuando su padre –Abdul-lâh– iba a encontrarse con Âmina –la madre de Muhammad– e iba a concebirlo, Fâṭima bint Naufal –hermana de Waraqa– se le cruzó en el camino invitándole a entrar en su casa con la intención de que la dejase embarazada. La razón era que su hermano, Waraqa, le había revelado que ese día Abdul-lâh concebiría «al mejor de los seres de la tierra».[249] Vemos más tarde a Waraqa cuando Muhammad tiene cinco años y se pierde junto con su nodriza por el desierto. Se organiza una pequeña expedición de rescate y encuentran a Muhammad y a Halîma as-Sa'dîya en la choza de Waraqa, con quien el niño Muhammad conversaba apaciblemente. Fue también Waraqa el que, más tarde, explicaría a Muhammad –y, con dicha explicación, validaría– lo que había sentido cuando tuvo la primera Revelación: «Es el Nâmûs,[250] enviado por Al-lâh a Moisés». Finalmente, más de veinte años después de que se encontraran por primera vez en el desierto, al morir Waraqa se interrumpe –súbita y significativamente– la Revelación a Muhammad durante dos años (período denominado en árabe la *fatra*).

En resumen, podría no haber tenido iniciación y nada cambiaría. Podría haberla obtenido a través de Ÿibrîl en el espacio del *malakût*. Podría haberla recibido de los profetas anteriores de la tradición hebrea en el Viaje Nocturno. Podría haberla conseguido gracias a la labor que sobre él hiciera Waraqa desde su niñez a su edad adulta. O bien, una quinta opción: podría haberla logrado a través de los *kahana* (también *kuhhân*; plurales de *kâhin*). Entendiendo por *kâhin* no aquello en lo que se convirtieron con el paso del tiempo –en el mejor de los casos, adivinos engañabobos; en el peor, brujos peligrosos–, sino lo que sin duda fueron en otras épocas más gloriosas.[251] Tan sólo comprendiéndolo así conseguimos salvar una perplejidad filológica que desde el comienzo de este trabajo nos acucia, y es que la raíz de la palabra que usa el Corán (y el Profeta en los hadices) con el fin de significar "adivino" es la misma que en árabe moderno (e incluso en árabe clásico), en hebreo y en ugarítico se utiliza para "sacerdote". ¡Pero es evidente que a los ojos de cualquier musulmán un sacerdote no es un adivino y un adivino no es un sacerdote![252]

La hipótesis del kâhin

Queremos ahora situar nuestra investigación en la línea de salida de un nuevo horizonte, interrogando acerca del papel que en la vida de Muhammad pudieron tener los *kahana* antes de la Revelación. Sabemos que la primera experiencia de este contacto fue a raíz del incidente de la apertura del pecho:

> En esto, llegaron los beduinos del campamento a los que habían ido a avisar mis hermanos. Al frente de ellos iba mi nodriza, que cuando me vio gritó: «Hijo mío, *al-ḥamdu lil-lâh* que te he encontrado vivo». Y me abrazó contra su pecho. Y mientras todos me abrazaban, yo creía que veían a los tres hombres que aún estaban junto a mí, pero no los veían. Yo les repetía que estaban ahí, hasta que uno de los beduinos dijo que me había vuelto loco y que debían llevarme al *kâhin*, el brujo-sacerdote. Así lo hicieron, y el *kâhin*, después de reconocerme, dijo: «No hay nada de lo que decís, está sano y su corazón es saludable». Y mi padre, el esposo de mi nodriza, dijo a la gente: «¿Es que no veis que habla como los cuerdos? A mi hijo no le pasa nada». Pero decidieron llevarme aún a otro *kâhin*, y le contaron mi historia. El *kâhin* dijo: «Callad, quiero escuchar al muchacho, pues él conoce mejor la historia». Se la conté desde el principio hasta el final, y entonces me abrazó con fuerza y dijo gritando a los presentes: «Árabes, matad a este muchacho y matadme a mí con él. Por Al-lâh y por al-'Uççà, si lo dejáis vivo cambiará todas vuestras tradiciones y defraudará todos vuestros sueños y los de vuestros padres. Irá por un camino distinto al vuestro y os enseñará cosas que jamás habéis oído». Entonces, mi nodriza me apartó de sus brazos y le dijo: «Tú eres el que está loco; si hubiera sabido que ibas a decir esas cosas no hubiera aceptado venir hasta aquí».[253]

Y es más que probable que ésta no fuera la única vez que Muhammad se viera –de niño y adolescente– con los *kahana*.

Hubo más relación entre Muhammad y los *kahana*. Lo que no se sabe bien es hasta dónde llegó esta relación. Sabemos algunas cosas respecto a este asunto que iremos desvelando poco a poco. Pero mejor que sea Maxime Rodinson el que nos introduzca en el tema:

> Quizá Muhammad de niño tuvo alguna clase de experiencia mental de esas bien conocidas por numerosos chamanes del norte y centro de Asia, así como por los hechiceros australianos: en el momento de su iniciación ellos sienten que un espíritu les ha arrancado las vísceras y las ha reemplazado por órganos nuevos […]. En todas las sociedades y en todas las razas se hallan individuos que, por alguna característica de sus naturalezas o por sus historias personales (que para desenmarañarlo ya están los psiquiatras), encuentran difícil o incluso imposible ajustarse a los roles que la sociedad espera de ellos. En muchos casos sus comportamientos los lleva a violentos conflictos con su entorno. En otros, acaba habiendo una suerte de reajuste, especialmente en las sociedades que contemplan alguna clase de rol excepcional para esos individuos excepcionales. Este rol a menudo toma la forma de hacer de esos individuos que tienen esa clase de anormalidad, los responsables de los contactos con el mundo sobrenatural, el mundo de los dioses y los espíritus.
>
> Algunas de esas personas poseen dones excepcionales. Ellos ven cosas que otros no pueden ver, oír cosas que otros no pueden oír. Sensaciones que no pueden explicar les hacen expresarse y emplear gestos que están fuera de los patrones ordinarios de conducta. Todo esto está naturalmente sometido al contacto que tienen con "el otro mundo" –el mundo de los poderes–, un mundo que por su inaccesibilidad para la mayoría de los mortales puede transformar la vida corriente. Algunos de estos seres extraordinarios están, por supuesto, muy lejos de lo normal; mientras que en otros esta rareza y anormalidad se manifiesta sólo excepcionalmente, en ocasiones

muy particulares, y en el curso de la vida cotidiana se comportan como uno más. Hay algunos a los que esas especiales peculiaridades de su carácter no les aumenta sus limitadas capacidades mentales, mientras que hay quienes –por el contrario– poseen personalidades complejas y poderosas con capacidad para un pensamiento rico y original.

La Arabia Preislámica tuvo su propia cuota de dichos individuos. Se creía que los poetas árabes estaban inspirados por un espíritu. Y, sobre todo, estaban los *kâhin* o adivinos, una palabra etimológicamente relacionada con los *kôhen* o clase sacerdotal judía. Los *kâhin* tenían visiones; pero, lo que es más importante, ellos también tenían espíritus familiares a los que llamaban «compañeros» o «amigos», o «videntes», y que hablaban a través de sus bocas. La inspiración del espíritu tomaba la forma de un vago murmullo o de unas breves, entrecortadas frases rimadas, que repetían juramentos donde se citaban a placer los nombres de las estrellas, la mañana y la tarde, las plantas y los animales, todo pronunciado en una rítmica voz jadeante que causaba gran impresión en la audiencia. Mientras estaban profetizando de este modo, los *kâhin* se cubrirían a sí mismos con sus capas. Ellos eran altamente respetados, requeridos y consultados como oráculos y consejeros tanto en asuntos públicos como privados. Muhammad tenía muchos rasgos comunes con los *kâhin*, como sus coetáneos no dejaron de hacer notar. Fisiológicamente y psicológicamente él pertenecía, sin duda, al mismo tipo de individuos. Como ellos, él estaba sujeto a ataques nerviosos con una tendencia a ver, oír y sentir cosas más allá de lo que alcanzaban los sentidos de los otros. Puede ser que al aproximarse a la edad de cuarenta años una insatisfacción hondamente arraigada, que era al mismo tiempo causa y consecuencia de su carácter, ayudara a reforzar su natural predisposición. Pero, porque él estaba dotado de una enormemente rica personalidad, mucho más poderosa que la de la mayoría de los *kâhin*, su insatisfacción también le llevó a reflexionar. Al lado de los efectos de su innato temperamento y su vida emocional privada se fue desarrollando una completa elaboración intelectual. Y este desarrollo intelectual fue algo bastante excepcional.

Muhammad no era un *kâhin*. Él no encontraba camellos perdidos o interpretaba sueños.[254] Ni se estableció como un adivino profesional, consejero en asuntos espirituales para una tribu en particular o para un príncipe, aun a sabiendas de que ese puesto le podría suponer un buen negocio o un gran prestigio. Esto también hubiera significado integrarse, con sus particularidades psíquicas, dentro del marco social y mental de una sociedad árabe que él inconscientemente estaba intentando superar. Él permaneció siendo un comerciante común, un buen marido y padre, y un hombre sensible caracterizado por su prudencia; pero ni por un momento fue dejando de informarse y reflexionar. Poco a poco su espíritu se aventuraba por una vía que lo llevaría bien lejos más allá de los límites de su propio tiempo y lugar.[255]

Sabemos que Muhammad en el primer momento de su Revelación temió haberse convertido en un *kâhin*. Pero hasta tal punto aborrecía esa condición de *kâhin* que, antes que verse como uno de ellos, decidió suicidarse despeñándose desde una montaña:

> No hay nada que odie más que a un poeta arrebatado o a un hombre poseído por un demonio [...]. Pensaba: O bien yo soy un poeta semejante, o bien estoy poseído. ¡Pero nunca ningún koraichita me dijo que yo fuera un poeta! Me dirigí entonces hacia la cima de la montaña para matarme.[256]

Fue entonces cuando fue detenido por una visión de Ÿibrîl que llenaba el horizonte («No podía fijar la vista en una región del cielo sin verle», contaría luego Muhammad).[257]

De hecho, una de las interpretaciones del célebre pasaje de

la cueva en el que el Ángel ordena a Muhammad –*iqra'*–, es la que entiende que no se le está instando a "leer" sino a "recitar", como hacían los *kahana* ante una visión. Y se nos continúa explicando que la respuesta de Muhammad no debe traducirse «No sé leer» sino «No soy de los que recitan», es decir, «No soy un *kâhin*». Pero el Ángel lo aprieta por tres veces hasta que Muhammad se doblega a su voluntad y recita la *sûra* 96 (que fue la primera en ser revelada) y luego va a la cumbre de la montaña decidido a despeñarse porque no le gusta en lo que cree haberse convertido.[258]

Una vez que hemos dejado fuera de toda duda el rechazo del Profeta a los *kahana*, debemos ocuparnos –no sin cierta perplejidad– de las similitudes entre las inspiraciones de los *kahana* y Muhammad. Podemos señalar al menos diez puntos de conexión:

1. El Corán –al menos en la primera etapa de las revelaciones mecanas– tuvo la misma forma rimada que solían adoptar las palabras de los *kahana* cuando la divinidad hablaba por su boca, denominada *saÿ'*. Este aspecto ha sido sobradamente comentado por los arabistas:[259]

> Sus ideas acerca del proceso de la inspiración tuvo que tomarlas de la única forma de inspiración real que conocía por su propia experiencia, a saber, la de los adivinadores y poetas de su propio pueblo. Sus compatriotas paganos descubrieron también en seguida que el nuevo Profeta se parecía a un *kâhin* o a un poeta. Una voz invisible dictaba la revelación en su oído y su Corán estaba redactado en los mismos versículos solemnes y oraculares que las sentencias de los adivinadores.[260]

2. Al igual que los *kahana* en estado de trance,[261] el Profeta –cuando descendía sobre él la Revelación– se tapaba la cara con un velo:

> Relata Safuân, hijo de Ya'lâ, que Ya'lâ le dijo a 'Umar:
> —Muéstrame al Profeta cuando recibe la Revelación.
> Y estando el Mensajero de Al-lâh en al-Yi'râna con un grupo de sus compañeros empezó a recibir la Revelación. 'Umar le hizo señal a Ya'lâ, que se acercó. El Profeta estaba cubierto con un velo. Ya'lâ introdujo la cabeza y vio al Mensajero de Al-lâh con el rostro encendido y como roncando. Después salió de ese estado.[262]

Es ésta la razón de que en el Corán se llame a Muhammad «¡Tú, el que se oculta!» (*Yâ aiyuhâ l-múççammilu* [*sûra* 73:1]). Los que quieren relacionar este calificativo con la actitud del Profeta cuando recibió la primera Revelación de esconderse por miedo bajo una manta, parecen no tener en cuenta que la *sûra* 73 se revela muchos años después del primer encuentro con Ÿibrîl. Confunden, en definitiva, el pasaje en cuestión con el contexto de la primera Revelación a Muhammad,[263] la *sûra* 74:1, que llama al Profeta *Yâ aiyuhâ l-múddaziru* ("¡Tú, el envuelto!").

Aunque no es inverosímil que ya desde la primera Revelación de Muhammad –que según Ibn Kazîr llevaba buscándola más de seis meses– se envolviera en un manto como hacían los *kahana,* y toda la historia de la petición de ser arropado por miedo o por fiebre sea una reelaboración posterior que quisiera ocultar las similitudes de Muhammad y los *kahana.* Ésta es la tesis de Rodinson, que nosotros compartimos, alejándonos en esta cuestión de la opinión más generalizada entre los musulmanes:

> Sólo cuando se sabe esta costumbre de los *kahana* de la época de cubrirse con un velo se entiende la reacción de Muhammad ante la primera Revelación: «Cuando corre hacia Jadî'ya para que ésta lo envuelva en un manto imita instintivamente el comportamiento de los *kahana*, pues, aunque rechaza este modelo, no tiene otro».[264]

No se entienden hadices como el que a continuación citamos –de Abû Huraira– sin conocer esta costumbre preislámica de taparse la cara cuando se recibe una inspiración sobrenatural:

> Cuando la Revelación venía al Profeta de Al-lâh [...] cubría su cabeza con una planta de *henna*.[265]

De hecho, la palabra árabe correspondiente al velo con que se cubrían tanto los *kahana* como el Profeta –*dizâr*– proviene del verbo *dazara*, cuyo primer significado es «cubrirse con hojas de los árboles».[266]

3. Asimismo, como hacían los *kahana*, el Corán jura por los astros, por la noche y el día, por árboles y montañas, y por un buen sin número de realidades a veces mucho menos comprensibles:

> «Juro por los astros ocultos que siguen su curso y desaparecen, por la noche cuando extiende su oscuridad, y por la aurora cuando respira» (*sûra* 81:15-18), «Juro por el crepúsculo, y por la noche y lo que congrega, y por la luna cuando se completa» (*sûra* 84:16-18), «Por el cielo poseedor de constelaciones» (*sûra* 85:1), «Por el cielo y el astro nocturno» (*sûra* 86:1-2), «Por el amanecer [...]. Por la noche cuando fluye» (*sûra* 89:1 y 4), «Por el sol y su claridad, por la luna cuando le sigue, por el día cuando muestra un sol brillante, por la noche cuando lo vela, por el cielo y lo que lo ha edificado, por la tierra y lo que la ha extendido, por la vida y lo que la ha nivelado» (*sûra* 91:1-7), «Por la noche cuando extiende un velo, por el día cuando resplandece» (*sûra* 92:1-2), «Por la claridad de la mañana, por la noche cuando reina la calma» (*sûra* 93:1-2), «Por el atardecer» (*sûra* 103:1), «Por la higuera y el olivo, y por el monte Sinaí» (*sûra* 95:1-2), «Por lo par y lo impar» (*sûra* 89:3), etcétera.

4. Como solían hacer los *kahana,* el Profeta predecía acontecimientos futuros y la tradición ha conservado muchas de esas profecías... Algunas bien definidas y a corto plazo: en una de las batallas – en Badr– predijo el lugar exacto donde caería muerto cada uno de los jefes de los enemigos, con sus nombres y apellidos.[267] Otras predicciones generales y futuras entran dentro de la visión profética: predijo la conquista de Egipto, Siria, Yemen o Irán por los musulmanes, el *yïhâd* a través del Mediterráneo, la aparición de falsos profetas cuando él ya no estuviera... Y predijo su propia muerte. Así como profetizó que el mal vendría a los musulmanes del Este, aunque esta predicción aún no ha acabado de comprenderse.[268]

5. Al igual que los *kahana*, y aunque no se envanecía de ello (e incluso a veces lo negaba expresamente), el Profeta parecía conocer los secretos que guardaban los corazones de los hombres. Ha sido constatado en numerosos pasajes sencillos - –que podrían pasarnos inadvertidos– de la vida de Muhammad:

> En cierta ocasión, Wabasâ apareció ante el Profeta con la intención de cuestionar al Mensajero sobre qué era el bien y qué era el mal. Al tiempo que se aproximaba al Profeta, él adivinó el deseo que traía el visitante, dejándolo asombrado. No obstante (la mala intención de Wabâsa), el Profeta le explicó que "lo bueno" era dar placer al corazón, y "lo malo" dejaba dudas y tristeza en el corazón.[269]

En este mismo sentido, Muhammad, según los hadices, adivinó en varias ocasiones que alguien venía dispuesto a asesinarlo (*v. gr.* Intentos de 'Umar ibn Wahb y de Fadal-lâh ibn 'Umayr).

6. Constatamos en Muhammad también una actividad ocasional de los *kahana*: la tarea de búsqueda de camellos perdi-

dos en el desierto. A los *kahana* les auxiliaban los ÿ*inn* en esa función, y a Muhammad en el siguiente hadiz le ayuda Ÿibrîl:

> En cierta ocasión, un camello del Profeta se perdió y no podía ser encontrado a pesar de que se lo buscó por todas partes. Entonces, un hipócrita burlonamente dijo: «Muhammad dice que revela las cosas ocultas. ¿Por qué el que nos trae la Revelación no es capaz de revelar dónde está el camello que se le ha perdido?».
>
> Ÿibrîl vino al Profeta y le hizo saber la burla del hipócrita así como el rastro del camello perdido. Entonces, el Mensajero de Al-lâh salió y dijo: «No proclamo conocer los hechos ocultos, pero mi Señor me ha revelado la burla del hipócrita así como dónde se encuentra el camello perdido. Mi camello está en un barranco de tales características y su brida se ha enganchado en un árbol».
>
> Escuchando esto, los compañeros del Profeta salieron hacia ese barranco y encontraron el camello perdido tal como él lo describió.[270]

7. Otro típico comportamiento de *kâhin* que se da en el Profeta es la interpretación de los sueños... Cuenta 'Umar: «En la época del Profeta, si un hombre soñaba algo se lo contaba al Mensajero de Al-lâh. Yo quería tener un sueño para poder contárselo...».[271] Otro hadiz da constancia del mismo hecho:

> Cuando el Profeta terminaba la *ṣalâ*, solía colocarse frente a nosotros y decir: «¿Quién entre vosotros ha tenido un sueño esta noche?». El que había tenido uno lo contaba y el Profeta decía lo que Al-lâh le inspiraba decir.[272]

El mismo Profeta contaba e interpretaba sus sueños:

> [En un sueño] me vi a mí mismo blandiendo una espada y su hoja se quebró. Esto sólo simbolizaba nuestra derrota en la

Batalla de Uḥud. Cuando moví mi espada otra vez, se volvió como antes, y esto simbolizaba nuestra victoria final en la misma batalla.[273]

En cierta ocasión que estaba yo durmiendo vi que tenía dos brazaletes de oro rodeando mis brazos. Me preocupaba mucho qué significaba. Mientras tanto, fui celestialmente instruido que debería soplar sobre ellos. Hice tal como se me había ordenado y ambos brazaletes volaron. Ahora interpreto los dos brazaletes como símbolos de dos mentirosos que se proclamarán profetas después de mí.[274]

Y no sólo interpretaba sus sueños, sino que se dejaba guiar por ellos. Cuenta la tradición que levantó el sitio a aṭ-Ṭâ'if a la mañana siguiente de soñar que un gallo picoteaba un tazón de manteca.[275] La interpretación que el Profeta dio al sueño no nos ha llegado.

Una costumbre pésimamente vista a los ojos de Muhammad y luego lamentablemente muy extendida por el mundo islámico, sobre todo en el Sufismo, es contar sueños que no han sucedido de verdad. El Profeta llegó a ver en *Ŷahannam* el castigo de estos contadores de patrañas. Como también serán castigados aquellos que cuentan sueños que –aún siendo verdaderos– hacen daño a los demás.

8. Muhammad –al igual que los *kahana*– hablaba con los muertos. Que el Profeta escuchaba y hablaba con los que moraban en sus tumbas ha sido atestiguado por una gran cantidad de hadices. Los saludaba y ordenaba a los musulmanes que les saludasen.[276] Véase la clarificadora conversación entre 'Umar y el Profeta acerca de la capacidad de escucha que tendrían los muertos:

Tres días después de la batalla de Badr, el Mensajero de Al-lâh se paró ante los cadáveres de los idólatras que habían sido muertos en dicha batalla y se dirigió a algunos de ellos por sus nombres diciendo: «¡Oh Abû Ÿahl Ibn Hisham! ¡Oh Umaiya ibn Jalaf! ¡Oh 'Utba ibn Rabî'a! ¿Acaso no habéis encontrado verdadero aquello respecto a lo que vuestro Señor os amenazó? Ciertamente yo he encontrado verdadero lo que mi Señor me prometió». 'Umar ibn al-Jattâb dijo: «¡Oh Mensajero de Al-lâh! ¿Cómo pueden oírte y responderte cuando no son más que cadáveres en descomposición?». Él respondió: «¡Por Aquel en cuyas manos está mi alma! No creais que vosotros entendéis más claramente lo que yo os digo que ellos, pero la diferencia es que ellos no pueden responder».[277]

9. Hemos visto de pasada que, como hacían los *kahana* (o al menos, como trataban de hacer), el Profeta curaba. Sanaba los corazones de los hombres y muchas veces también la salud del cuerpo.[278] A veces, las curaciones de Muhammad eran calificadas de *mu'ÿiça* (prodigiosas), aunque nunca fueron usadas para convertir a nadie al Islam. El incómodo parecido con las actuaciones de los *kahana* como curanderos fue resuelto en la tradición islámica instaurando una rama de la ciencia denominada "medicina profética".

Curaciones milagrosas del Profeta tenemos registradas en Bujârî, Muslim y el *Mishkât al-Maṣâbîẖ*:

> Durante la batalla de Jaibar, Salmân ibn Akwa' recibió una herida grave en la pierna. La gente empezó a decir: «Salmân ha sido herido». Vino abatido al Profeta y le mostró su herida. El generoso Profeta sopló tres veces y la herida cicatrizó.[279]

Otros hadices en los que encontramos curaciones del Profeta:

> Con ocasión de la batalla de Jaibar, 'Alî sufrió de oftalmia. El Profeta lo llamó y le aplicó su saliva en los ojos e hizo *du'â'* por su curación. Los ojos de 'Alî se curaron para siempre.[280]

Sherjîl Jafi había llegado a tener tales bultos en la palma de la mano que no podía sostener una espada o las riendas de un caballo. Cuando llegó a oídos del Profeta, él presionó su mano y los bultos se curaron.[281]

10. Las más interesantes de sus curaciones, desde el punto de vista de la comparación con los *kahana*, merecen un apartado especial, y son las curaciones de posesos:

CASO 1. Cuando el Mensajero de Al-lâh me nombró gobernador de at-Tâ'if, noté que algo interfería en mi *ṣalâ* hasta el punto que no recordaba lo que había dicho durante la *ṣalâ*. Cuando esto se repitió, viajé donde el Mensajero de Al-lâh para informarle [...]. A lo que él me dijo: «Ése es un shaitân. Ven, acércate». Entonces me senté delante de él. Golpeó mi pecho con su mano. Sopló en mi boca y dijo: «¡Fuera, enemigo de Al-lâh!». Así lo hizo tres veces. Luego dijo: «Ahora la verdad se encuentra en cuanto obres».[282]

CASO 2. Nos encontramos a una mujer sentada con un niño. Ella dijo: «Mensajero de Al-lâh, este niño ha sido afligido por una calamidad y nosotros nos preocupamos por él. Algo lo aflige muchas veces al día». El Profeta dijo: «Acércalo a mí». La mujer le acercó al niño, poniéndolo entre el Profeta y su silla de montar. El Profeta abrió la boca del niño y sopló dentro de ella tres veces, mientras decía: «En el Nombre de Al-lâh, soy un siervo de Al-lâh, vete, enemigo de Al-lâh». Luego de lo cual le devolvió el niño a su madre.[283]

CASO 3. Una mujer llevó a su hijo al Profeta y le dijo: «Oh, Mensajero de Al-lâh, mi hijo está poseído, y [el ÿinn] se apodera de él durante las comidas de la mañana y la noche». Escuchando esto el Profeta sopló en su pecho e hizo un *du'â'* y el niño poseído vomitó algo como un cachorrito de perro y se puso bien.[284]

CASO 4. Zâri' fue al Mensajero de Al-lâh y con él su hijo que se encontraba poseído [...]. «Mi hijo está poseído. Lo tra-

eré ante ti. Por favor, haz du'â' a Al-lâh por él.» El Mensajero de Al-lâh dijo: «¡Tráelo!». Fui a buscarlo y le quité sus ropas de viaje y lo vestí con hermosas prendas. Lo tomé de la
mano y lo llevé donde el Mensajero de Al-lâh. El Profeta dijo:
«Acércalo a mí y ponlo de espaldas». Entonces el Mensajero
de Al-lâh tomó su vestimenta por arriba y por abajo y comen-
zó a golpearlo con tal fuerza en su espalda que pude ver su
axila (de tanto que levantaba el brazo al golpear). Decía: «Sal
de ahí, enemigo de Al-lâh». Luego de eso, la mirada del mu-
chacho cambió, tornándose más saludable. Entonces, el Profeta lo sentó frente a sí, y suplicó por él, frotándole luego sus
manos sobre el rostro. Asombrosamente, después de las sú-
plicas del Mensajero de Al-lâh, no hubo dentro de nuestro
grupo nadie que fuera mejor que él.[285]

Un exorcismo formalmente impecable. Con apaleamiento
físico del poseído incluido para hacer salir el demonio del
cuerpo. Poco que añadir. Esta actitud de Muhammad de tratar
de hacer el bien con los medios que solían emplearse en su
tiempo –uno de los cuales era el exorcismo– nos parece lo más
lógico.[286]

Él practicaba exorcismos y los dejó practicar a otros. Cuando sus compañeros le preguntaron por los conjuros que solían
hacer, el Profeta no les contestó que fueran *haram* (prohibido),
sino:

> Mostradme vuestros exorcismos *(ar-ruqia)*, porque no
> existe daño en practicarlos a menos que contengan alusiones
> idólatras.[287]

Y no sólo permitió practicar exorcismos, sino que enseñó al
que lo necesitó a apartar demonios por sí mismo:

> Un compañero del Mensajero llamado 'Uzman ibn Abî l-'Âs
> vino al Profeta y le dijo: «¡Shaitân interfiere en mi *salâ* y me mo-

lesta!». El Mensajero de Al-lâh dijo: «Es un demonio llamado Jinẕab. Si sientes su presencia, busca refugio en Al-lâh de él y sopla [como escupiendo pero sin saliva] hacia tu izquierda tres veces». El compañero dijo posteriormente: «Hice esto y Al-lâh apartó a ese demonio de mí».[288]

Si Muhammad no hubiera tenido ninguna clase de adiestramiento en las técnicas del *kâhin* convendremos en que son muchas las coincidencias...[289] No es raro que sus conciudadanos tildaran sin cesar al Profeta de *maÿnûn* ("poseído por un *ÿinn*") (que es lo que se decía de los *kahana* y los poetas), tal como el Corán recoge fielmente: «Es un *maÿnûn* que recibe instrucciones» (44:13); «Es un *maÿnûn*» (68:51); «Eres un *maÿnûn*» (15:6); «¿Acaso vamos a dejar a nuestros dioses por un poeta *maÿnûn*?» (37:36).

Los musulmanes podemos indagar hasta donde haga falta la relación de aprendizaje que pudiera haber existido entre los *kahana* y el Profeta, mientras tengamos claro que:

• 69:41-42 «(El Corán) No es palabra de un poeta [...] ni es palabra de un *kâhin*».

• 52:28 «Así pues, llama al recuerdo (de Al-lâh), que por el favor de tu Señor no eres un *kâhin* ni un *maÿnûn*».

• 81:22 «Y que vuestro compañero no es ningún *maÿnûn*».

• 68:2 «Que tú por la *niʻma* de tu Señor no eres ningún *maÿnün*».

Aunque la Revelación misma vaya a tranquilizar al Profeta y a los *ṣaḥâba* (compañeros de Muhammad), informando a todos de que él no es un *kâhin* ni un poeta arrebatado ni un *maÿnûn* (loco), las coincidencias entre el *modus operandi* del Profeta y el de los *kahana* –y el significado de dichas coincidencias– no se esfuman por arte de magia. Y puesto que sabemos poco de esos cuarenta años que preceden a la Revelación voy a elaborar una hipótesis de trabajo que investigaré a partir de ahora…

La hipótesis de trabajo que presentamos sería la siguiente: No es improbable que Muhammad antes de la Revelación tuviera un estrecho trato con los *kahana*. En principio, la sola opinión del sabio Cansinos Assens nos avala: «Nos consta de un modo relativamente serio que Mahoma tenía amistad con rabinos y hasta magos».[290] Es posible que estos magos le enseñaran cosas que luego le fueron útiles y cosas que el Profeta consideraría detestables. A partir de ahora habrá que investigar en esos cuarenta años anteriores a la Revelación todo posible contacto entre el Profeta y los *kahana*. Tal vez durante ese tiempo le enseñaron a encauzar su hipersensibilidad (lo que es exactamente recibir una iniciación). Pero es seguro que la mayoría de los *kahana* de la época habían degenerado en hechiceros de poca monta, mentirosos aduladores a cambio de un poco de dinero o provisiones, ambiciosos con disfraz de visionarios… Esto explicaría la identificación que se hace en el Corán del *kâhin* con el *sâḫir*, mago que se dedicaba a engañar a la gente (51:39, 51:52, 20:69). Desde que Muhammad comprendió el daño que estos hombres y mujeres hacían a los más ingenuos, no sólo se alejó de ellos, sino que recomendó que no se les tratase, considerándolos elementos indeseables de la sociedad.

> Preguntaron al Profeta por los *kahana* y él dijo: «No debeis creer nada de lo que digan». Y entonces le preguntaron: «Oh Profeta, ¿por qué ellos a veces mienten?». Y el Profeta dijo: «Porque uno de los *ÿinn* desliza sigilosamente una verdad hasta los oídos del *kâhin*, y los *kahana* mezclan un centenar de mentiras con ella».[291]

Es también posible que la recepción de la Revelación por parte de Muhammad desatara una oleada de envidias entre los *kahana*, como sucediera en otros ámbitos de la sociedad árabe.

Al fin y al cabo, el profeta Muhammad iba a suponer un cuestionamiento de toda otra autoridad temporal o espiritual. Muhammad no fue ambiguo a la hora de aconsejar a los musulmanes:

> Aceptad el Islam y no pongáis vuestra confianza en los *kahana*.[292]

Con este rechazo a los adivinos, el profeta Muhammad –una vez más– no hacía más que seguir la más ortodoxa tradición judía[293] de la que en principio pretendía ser continuador, que, en este punto, se ceñía a textos como los de:

- Levítico (19:31): «No acudáis a los que evocan a los muertos ni a los adivinos,[294] no los consultéis para no mancharos con su trato».
- Levítico (19:26): «No cultivéis los encantamientos ni la hechicería».
- Deuteronomio (18:9-11): «No imites las abominaciones de esas naciones, y no haya en medio de ti quien haga pasar a su hijo o a su hija por el fuego, ni quien se dé a la adivinación, ni a la magia, ni a hechicerías y encantamientos; ni quien consulte a encantadores ni a espíritus, ni a adivinos, ni pregunte a los muertos».[295]

En el Próximo Oriente abundaban las condenas por magia ya desde los tiempos sumerios (Gudea de Sumer, en el tercer milenio antes de Cristo, prohibió la magia y expulsó a los magos de su territorio[296]). Pero la legislación judía llegó mucho más lejos, imponiendo por dicho crimen la pena de muerte:

- Éxodo (22:17): «A la que practique la hechicería no la dejarás con vida».
- Levítico (20:6): «Si alguno acudiere a los que evocan a los muertos y a los que adivinan, prostituyéndose ante ellos,

yo me volveré contra él y lo exterminaré de en medio de su pueblo».

• Levítico (20:27): «El hombre o la mujer en quien haya espíritu de nigromante o adivino, morirá sin remedio; [el pueblo] lo lapidará. Caerá su sangre sobre ellos».

El Islam va a seguir –una vez más– las directrices jurídicas del judaísmo. A partir del hadiz que dice «La pena del hechicero es ser ejecutado por la espada», el Imâm Mâlik y Abû Hanîfa determinaron que el hechicero debe ser ajusticiado. También era de la misma opinión 'Umar ibn al-Jattâb. Sin embargo, el Imâm Shâfi'î no consideraba que el hechicero debiera ser ajusticiado por el mero hecho de serlo, sino sólo si utilizaba su magia de una forma destructiva. Coinciden con esta opinión Ibn Mundzir y el Imâm Ahmad. Nos parece válido el argumento de que si se hubiera ejecutado a los hechiceros del Faraón por dicho delito no se les habría dado la oportunidad de arrepentirse y convertirse en musulmanes, como les ocurrió cuando conocieron a Moisés.

13. LA TRANSMISIÓN DE LA *BARAKA* DE MUHAMMAD

En relación a si la cadena de transmisión chamánica fue cortada en Muhammad, en caso de haber efectivamente recibido una iniciación de los *kâhin* o de quien sea, o si Muhammad inició a su vez a otros chamanes, también habría algo que decir. Es cierto que no tenemos noticia de que el Profeta iniciara chamánicamente a ninguno de sus compañeros. Aunque contamos con indicios que nos hacen albergar esperanzas de que en efecto la transmisión de poderes chamánicos se produjo. Tal vez durante el pacto de Hudaibiya.

Sabemos, por ejemplo, que 'Umar ibn al-Jattâb –el segundo califa– pidió a Al-lâh, no sólo poder hablar con los muertos sino, incluso, poder verlos, y dicen los hadices que le fue concedido.[297] Contamos también con otra historia de 'Umar que presenta rasgos chamánicos, relativa a la clásica capacidad del chamán de hacer oír su palabra a miles de kilómetros de distancia (hecho también constatado en la Vida del Profeta).[298]

También sabemos que el modo de guerrear de 'Alî tenía la estructura formal de lo chamánico. Se dice que iba buscando en el enemigo la luz de su corazón y que por ahí lo ensartaba. No buscaba la muerte de su oponente, sino su propio *fanâ* (extinción) fundiéndose con la luz del que mataba. Hay numerosas leyendas sobre sus actuaciones guerreras. Se dice que luchó contra los *ÿinn* (genios) en Dzât al-'Alam; que en cierta ocasión extendió su mano para que el ejército pasara por encima de ella; y que en una de las guerras, cuando los enemigos se dividieron en diecisiete grupos, detrás de cada uno de estos grupos había un 'Alî dando sablazos y diciendo: «Yo soy 'Alî». Dejando al margen el gusto humano por construir personajes legendarios, los musulmanes sabemos que de todos los compañeros del Profeta, 'Alî tenía una condición natural superior a cualquier otro, y son muchos –incluso entre los no chiítas– los que afirman que el primer eslabón de la cadena de transmisión del Profeta es 'Alî, ese primo suyo que Muhammad adoptó cuando era un niño de sólo cinco años.

No sabemos, sin embargo, cómo pudo realizarse esta transmisión chamánica de Muhammad a 'Alî, a algún otro o a todos sus compañeros, a no ser que operara su *baraka* de un modo automático sobre ellos. Los musulmanes conocen bien hasta qué punto Muhammad irradiaba *baraka* a su alrededor, y muchos de ellos reconocen en los maestros del Sufismo de verdad (el que no es pura literatura de Nueva Era) la fuerza y la efectividad de los auténticos chamanes (ya sean maestros sufíes magrebíes, africanos, afganos o iraníes).[299] Ese poder chamánico de Muhammad ha llegado hasta nosotros por la *silsila* (cadena de transmisión) de los maestros de conocimiento.

Certificamos, una vez más, en Mircea Eliade algunos métodos de iniciación que efectivamente se dieron en Muhammad. Por ejemplo, hablando de los yakutes, dice:

> El maestro le va revelando cómo reconocer y curar las distintas enfermedades que atacan las distintas partes del cuerpo. Cada vez que nombra una parte del cuerpo, le escupe en la boca y el discípulo deberá tragar el esputo, para que conozca «los caminos de las tribulaciones del Infierno».[300]

Comparemos el texto de Eliade con este curioso hadiz:

> Transmite Ṭabarânî una tradición que se remonta a Abû Huraira, que dice: «En cierta ocasión Ḥusain lloraba pidiendo

agua. El Profeta metió su lengua en su boca y la sed fue calmada, así que el niño dejó de llorar».

Estamos ante un hadiz políticamente incorrecto que los pusilánimes y los mediocres se esforzarán en ocultar... No conocemos sino los valores remanidos de nuestro propio mundo y nos da miedo abismarnos en cualquier otro universo cultural. Es posible que Muhammad, con ese gesto, tan sólo calmara la sed de su nieto, o puede ser que con su misma saliva estuviera dando lugar a toda una cadena de transmisión de su potencialidad chamánica a través de *ahl al-bait* ("la gente de la casa del Profeta"). Existen toda una serie de hadices que los musulmanes conversos no queremos oír. Como aquel otro que nos habla de los besos en la boca que daba el Profeta a su hija Fátima con tanta frecuencia que llegaron a poner seriamente nerviosa a 'Â'isha y cuya justificación pertenece al mundo místico de Muhammad.[301]

Respecto a la actuación de la *baraka*, hay detrás toda una filosofía de la vida que atenta frontalmente contra la sensibilidad católico-burguesa[302] y, por eso, los hadices que tratan de este tema no se suelen traducir a las lenguas occidentales. Sabemos, por ejemplo, que los compañeros del Profeta se frotaban la piel con la saliva de Muhammad,[303] que usaban el agua de las abluciones del Profeta,[304] y que incluso daban de beber a los enfermos el agua con que el Mensajero lavaba su ropa,[305] por la *baraka* que contenía. En cierta ocasión, una mujer le pidió comida y el Profeta le ofreció la que quedaba en su plato; entonces, ella dijo que no, que quería la que tenía en la boca y él Profeta se la sacó para dársela.[306]

Todos éstos son medios de transmisión de la *baraka*, y —con ella— cierta iniciación chamánica de un modo que ignoramos, pero que, por poner un ejemplo, los sufíes magrebíes han conservado. El primer arrebato de locura del Maÿdzûb fue cuando un hombre le besó a las puertas de una mezquita donde estaba apostado y le pasó su saliva. Estuvo vagando por los montes clamando sin cesar «Al-lâh». Pasar la *baraka* a través de la saliva es la técnica a la que los sufíes llaman "abrevar".

La *baraka* protege. No es sólo medio de transmisión de poderes chamánicos; es también protección de un modo que sólo puede ser comprendido en un universo mágico. Sabemos, por ejemplo, que los judíos de Medina hicieron un maleficio contra los musulmanes que emigraron por el que no podrían tener más hijos. Nace 'Abdul-lâh ibn Çubair, y Muhammad ¿qué hace? Protege al niño frotándole el paladar con un dátil que acaba de masticar.[307]

Sin embargo, salvo la transmisión de la *baraka* a su comunidad, no sabemos que Muhammad iniciara chamánicamente a ninguno de sus compañeros (*ṣaḥâba*). Es como si, después de Muhammad, el chamanismo perteneciera al mundo de cualquiera, como si se hubiese acabado con la experiencia del hombre excepcional y ahora todo estuviera al alcance del más sencillo de los hombres. Incluso albergar el Corán dentro de sí ya no exigirá ni siquiera una *wâqi'a*, un rompimiento previo, sino que se nos va permitiendo irnos dirigiendo paso a paso al *fanâ'*, a la extinción tras la que estamos en *baqâ'*, en la permanencia. Muhammad trata con el Islam de acercar la experiencia chamánica a cualquier hombre y cualquier mujer con tal de quen imiten los gestos que él arrebató al mundo de lo oculto y permitirles que se llenen poco a poco del contenido natural de esos gestos. El hecho mismo de querer ser un doble de Muhammad incluso en lo más anecdótico es llegar a serlo en sus gestos más fulminantes y poderosos. Querer imitar a Muhammad es llegar a ser Muhammad. Seguir fielmente las intuiciones de un hombre de escasos conocimientos eruditos como fue el profeta Muhammad es una prueba casi insalvable para un intelectual. Pero no hay otro camino si se quiere llegar a ser un Hombre Universal como lo fue Muhammad. El Islam es el poder y la sabiduría de cualquiera porque excluye a los que ya tienen algún poder y alguna sabiduría antes de iniciar el camino, y los excluye porque son incapaces de postración (*suÿûd*). El gesto humillante del *suÿûd*, con el trasero elevado y la frente en tierra, evita la entrada en el Islam del que se cree algo. Ése es justamente el que no llega a ser nada. Al-lâh nos fuerza a la humillación del *suÿûd* para seleccionar entre los seres humanos aquellos a los que él ya ha roto y aquellos que se creen invulnerables.

El carácter de "sello de los profetas" de Muhammad tiene que ver con esta «democratización de la experiencia chamánica». Él, como los otros chamanes de los que nos ha llegado noticia, lo fue por una especial sensibilidad natural pulida a fuerza de sentir con orden el mundo que le rodeaba. Pero esa información que Muhammad extrae del mundo de lo no-visto, como un nuevo Prometeo ladrón del fuego de los dioses, la lleva al hombre de la calle, y le dice que haga *suÿûd* y que recite cinco veces al día unas palabras que vienen del fondo de la existencia. La intención de Muhammad de «democratizar la experiencia chamánica» no es ningún secreto. Fue abiertamente declarado por él mismo cuando dijo: «La *salâ* es el *mi'râÿ* [el Ascenso Celeste] del hombre corriente».[308]

La importancia de la *salâ* es trascendental para constituirnos en chamanes. Cuando a Muhammad le preguntaron al final de su vida qué era lo que más había amado, dijo que «los perfumes, las mujeres y la *salâ*». Los perfumes apuntan a la delicadeza de los sentidos que se obtiene cuando uno ya ha asentado su Islam, las mujeres fueron su orden sexual, y la *salâ,* su madurez. Analicemos con calma estos dos últimos, porque lo que llevó a Muhammad a la capacidad chamánica fue una disposición natural, pero lo que nos llevará a nosotros son estos dos ámbitos vividos con la cortesía que ambos requieren... Los insatisfechos, los que no reconocen su tipo de sexualidad, los promiscuos, los adúlteros, los impotentes, los de sexualidad rutinaria... no llegan a poder aspirar a la fuerza del Islam, porque hay una fractura dentro de ellos por donde pierden su energía. Del mismo modo, los que no cumplen las cinco *salâ* son irritables, intolerantes, incontrolados, como hojas al viento, y se les nota mucho su inconsistencia. Estas dos columnas marmóreas irán sosteniendo el edificio de la experiencia de lo cotidiano. Hasta que comiencen las transformaciones. Sin prisas, sin adelantar los ritmos naturales de las cosas. El musulmán con esta espada de doble filo (sexualidad y *salâ*) rasga el velo del mundo y entra en él.

Muhammad es el sello de los profetas porque a partir de él todos podemos ser Muhammad. Jesús nos enseñó a amar y el Buda a no sufrir; Muhammad nos enseña a tener un poder real, no sobre los demás sino en nosotros mismos. Y, para eso, es requisito indispensable el que nuestro corazón no esté en venta. En conocida sentencia taoísta, que «no cambiemos tener el mundo entero a costa de arrancarnos un cabello de nuestra cabeza».

14. "EL PROFETA LOCO"

El mismo arabismo que inventó la teoría del "profeta loco" en cierto momento de su perversa historia cambió de estrategia. Porque un loco es al fin y al cabo un hombre sincero en lo que dice experimentar. El hecho es que el Profeta de que nos hablaban los arabistas –de pronto– dejó de ser un loco para convertirse en un hombre de Estado, es decir, alguien inteligente, pragmático, astuto, que fingió recibir revelaciones para formar más fácilmente una nación.

En realidad, la única posesión de Muhammad en vida fue su sinceridad y, si no creemos en ella, no nos queda nada de Muhammad, por más que se nos embellezca artificialmente su imagen. Es curioso que los musulmanes hayamos creído que era mejor el calificativo de "hombre pragmático" que el de "loco", y hayamos celebrado con algazara una evolución a mejor en el arabismo. Ahora precisamente que la comunidad científica en el mundo entero empieza a mostrar que incluso lo que se denomina vulgarmente "locura" pueden ser Estados Alterados de Conciencia (ECA) que, si se saben encauzar iniciáticamente son un bien para la sociedad:

> El futuro chamán está expuesto a ser confundido con un "loco" –como ocurre con frecuencia en Malasia– pero, en realidad, su "locura" cumple una función mística: ella le revela determinados aspectos de la realidad, inaccesibles al resto de los mortales, y es solamente después de haber experimentado

e integrado esas dimensiones ocultas de la realidad cuando el "loco" se vuelve chamán.[309]

Aunque en ciertos momentos pudieran parecerlo, los chamanes no son ni fueron locos, siempre han sido hombres útiles para su sociedad, pero capaces de vivir el mundo tal como es –animado, dotado de vida– porque no eran como los demás:

> No existe ningún chamán –nos cuenta Nadel respecto a los sudaneses– que sea en su vida cotidiana un "anormal", un neurasténico o un paranoico; si lo fuese, se le colocaría entre los locos, no se le respetaría como sacerdote. A fin de cuentas, el chamanismo no puede relacionarse con una anormalidad naciente o latente; yo no me acuerdo de un solo chamán cuya histeria profesional haya degenerado en un desorden mental grave.[310]

Desde luego, que son muchas las veces que –ya antes de la Revelación– el Profeta dijo estar viendo a criaturas a las que nadie más que él percibía. Hemos estudiado el incidente de la Apertura del pecho, y nos asombró la candorosa sinceridad con la que Muhammad confesaba que nadie excepto él veía a los tres hombres (ángeles), sabiendo todos nosotros qué significa esto en términos de racionalidad descarnada. Recordamos ahora el apunte de Tabarî e Ibn Sa'd (relativo a los años de adolescencia de Muhammad en la idólatra Arabia) cuando escriben que «siempre que se acercaba a un ídolo se le interponía una forma blanca».[311] En este mismo caso, leemos en Hamîdul-lâh el siguiente texto:

> Al-Halabî, nos cuenta que los mequíes tenían una fiesta anual en la cual todo el mundo participaba con entusiasmo. Cada año Muhammad encontraba una excusa para no asistir. Un año, sus tías le regañaron y le amenazaron con la cólera divina, porque él no quería asistir con los demás. Muhammad

les acompañó esta vez, pero en plena fiesta volvió a la tienda de sus parientes, muy pálido y tembloroso: contó que había visto extraños personajes que le prohibieron toda participación en esta fiesta pagana. Su tío y las tías no le obligaron más los años siguientes a participar en otras ceremonias.[312]

Si acaso algún día se demostrase que la mente de Muhammad tenía alguna disfunción que le hacía ver criaturas de un mundo inventado y visitar lugares edénicos o infernales que sólo estaban en su imaginación, ni siquiera entonces aceptaríamos sin más que Muhammad fuese un esquizofrénico. La psicología transpersonal ha sabido demostrar hasta qué punto hemos malinterpretado los Estados Alterados de Conciencia, que abrían al hombre a una comprensión más amplia de la realidad.[313] Un esquizofrénico es lo que queda de un hombre con una sensibilidad especial, cósmica, después de que lo destruyan los psiquiatras. Un esquizofrénico es un chamán destruido por habérsele obligado a vivir en una sociedad no tradicional.

La firme creencia en la existencia de genios, ángeles y demonios no debe ser atribuida –según Massignon– a ninguna clase de enfermedad mental, sino a un diferente valor de la palabra humana cuando se trata de conformar una sociedad tribal:

> Las hipótesis de epilepsia, autosugestión, imaginación sobreexcitada [Massignon no se atreve a añadir "esquizofrenia", pero podría haberlo hecho], elaboradas por *psiquiatras sedentarios*, prescinden de cuanto constituye la vida de campamento en el desierto.[314]

Y Dermenghen, buen cristiano como Massignon, argumenta con generosidad hacia el Islam:

> No es que tenga visiones porque está enfermo, sino que por el contrario su cuerpo presenta necesariamente apariencias patológicas porque tiene visiones.[315]

Ambas explicaciones, si bien no carecen de cierto ingenio, no consiguen convencernos por completo. Para Massignon, toda esta serie de relatos visionarios no son patológicos en absoluto porque forman parte de la fantasía natural de las sociedades tradicionales. Para Dermerghen, por el contrario, las visiones proféticas no son fingidas y no provienen de una patología; pero, inevitablemente, producen cierta apariencia patológica.

También se equivocan, a nuestro juicio, los que, para demostrar la esquizofrenia del Profeta, esgrimen como argumento de la experiencia del *tauḥîd*. Por una parte, la sensación armónica y natural de que "todo está vinculado" no es exclusivamente islámica, sino que se da en todas las civilizaciones tradicionales, y nunca ha sido una patología. Por otra parte, la experiencia brutal de desaparición de los límites individuales de las cosas, no pertenece a la experiencia de Muhammad, sino a la de místicos musulmanes posteriores. El *tauḥîd* de Muhammad no es ni la fusión del individuo con el Todo que quisieran los sufíes imbuidos de mística cristiana, ni esa abstracción de «la unidad que subyace a la multiplicidad» que llega a los *falâsifa* por influencia del pensamiento neoplatónico. Es más bien la sensación com-pasiva de que cualquier criatura tiene la oportunidad de sentir a toda otra criatura, porque –los límites individuales– que fracturan la Realidad son sólo una oportunidad para que salvemos esa fractura a fuerza de amor. Por eso, lo primero que hace Muhammad después de la *wâqi'a* [sensación del Fin del Mundo] es comenzar a construir una comunidad humana.

No hay en el Profeta, insisto, hasta que no se demuestre lo contrario, nada parecido a esa identificación del individuo con el cosmos que observamos en la siguiente entrevista a un esquizofrénico:

ÁNGEL: Yo soy todo. Soy el espacio, soy esta cartera, incluso soy los huesos, la sangre y la carne de todas las personas. Todo lo que se mueve me habla y se comunica conmigo. Cuando tengas alguna o algunas moscas cerca de ti, haz como yo: me comunico con ellas y les digo: «Pequeños músicos, tocad para mí con vuestras alas». Luego ellas revolotean cerca de mis oídos y producen una extraña música. Hace ya tiempo que compuse una letra para cantar a las moscas. Los objetos son también criaturas. Si observas cuidadosamente ese grifo que gotea, notarás que las gotas de agua te están hablando. Notarás que un objeto cualquiera a veces habla y dice: «Mírame, estoy aquí quieto» […]. Yo siempre he existido, algunas veces me encontraba dormido y otras despierto. Mira, yo estaba en el espacio, estaba durmiendo y algunas veces me despertaba […]. Un día brotó mi cuerpo de carne y hueso y me encontré de súbito en aquel parque. O sea que a mí no me parió ninguna mujer.

ENTREVISTADOR: Antes de brotar del aire, ¿ya existías'?

ÁNGEL: Ya existía, sólo que no tenía este cuerpo como ahora, porque yo era el cosmos, era todo. Pero tenía pensamiento. Yo, ves, soy el Todo, pero aquí en el cuerpo tengo la sensibilidad, pero… soy todo […]. Cuando mi cuerpo todavía no existía, yo era el espacio y me encontré a mí mismo, me di cuenta del mundo, pero no tenía cuerpo. Entonces pensé: soy el espacio […]. El mundo era un pensamiento y este pensamiento era yo mismo

ENTREVISTADOR: ¿El mundo estaba presente dentro de ti, de tu pensamiento?

ÁNGEL: No, el mundo y yo éramos la misma cosa, éramos lo mismo. Es como si ahora, de repente, saliéramos los dos fuera de esta habitación y la habitación empezara a pensar. Es como si, sin contener a ninguna persona, la habitación pensara.[316]

Desde los orígenes del Arabismo –el arabismo cristiano bizantino– se nos dijo que el Profeta padecía epilepsia (*morbus comitialis*). Ya en la *Chronographia* de Theophanes Confessor (muerto en el año 817), que se tradujo en seguida al latín por Anastasius Bibliothecarius (muerto hacia el año 879), se afirmaba que Muhammad padecía "el gran mal", es decir, la epilepsia. En el tratado *Contra legem saracenorum* del dominico Ricoldo da Montecroce (muerto en 1320) se relacionaba –por supuesto para execrarle– el fenómeno de la Revelación con "el gran mal" que sufría Muhammad.

En el libro *Castigos e documentos*, realizado por el Rey Sancho VI con la colaboración de ciertos clérigos de su corte, reelaborado luego en el siglo XIV, podemos leer:

> E como Mahomad hobo de haber una enfermedat gota, que es llamada perlensia [sic], como vido esto Aixa su mujer fue mucho triste, porque se vió casada con home puto e gotoso.

De un arabista a otro –con pocas excepciones–[317] fue consolidándose esta idea del "profeta epiléptico". En 1767, Santos Alonso escribía en su *Historia verdadera del falso y perverso profeta Mahoma*: «Le sobrevino una enfermedad mortal de epilepsia, que es gota coral». Poco después (1793), en el rabioso libro *Verdadero carácter de Mahoma y de su religión (Justa idea de este falso profeta sin alabarle en exceso ni deprimirle con odio)*, fray Manuel de Santo Tomás de Aquino seguiría insistiendo: «Padecía cierto accidente de epilepsia o gota coral, que consiste en una convulsión de todo el cuerpo, y atracción de los nervios con lesión del entendimiento, y sentidos, que hace caer de repente».

La verdad es que la propia descripción del descenso de la Revelación hecha por algunos musulmanes no tenía demasiada escapatoria de la acusación de *epilepsia*. Copiamos de la *Sîra* (Vida de Muhammad) escrita por el turco Essad Bey este párrafo:

> Su rostro palidecía, gotas de sudor cubrían su frente. De sus labios salían palabras incoherentes o sin sentido. Nadie se

atrevía a mirarle a la cara, de la que salían centellas como si fueran rayos. *A veces caía rendido, su cuerpo temblaba y la espuma salía a flor de labio.* Por fin, la calma se apoderaba de él poco a poco; muchas veces se dormía y al despertarse proclamaba al mundo un nuevo mensaje cautivador.[318]

Finalmente, Sprengler, en su *Das Leben und die Lehre Muhammad* (3 vols. 1861-1865), va a tratar de sentar cátedra en la cuestión de la efectiva epilepsia de Muhammad.

El arabista Tor Andrae, con la mejor intención se echa como puede al ruedo para librar al Profeta de la fatal acusación:

> Si, como sucede aún a veces, se quieren llamar ataques epilépticos a todas las clases de estados psíquicos crepusculares y de transporte, de pérdida ocasional de la conciencia y demás análogos, naturalmente puede decirse que Muhammad era un epiléptico. Si, por el contrario, se entiende por epilepsia los casos graves en que la enfermedad presenta fatales consecuencias para la salud corporal y psíquica de la persona, hay que retirar resueltamente la afirmación de que Muhammad padeciera de epilepsia. En general, no se puede hablar de morbosidad con respecto a él, sino en el sentido en que se llama morbosa la inspiración en tantos otros genios literarios y religiosos, cuando reviste formas sensacionales y discrepantes de la vida psíquica normal.[319]

Y asimismo Rodinson hace lo propio:

> Sea como fuere, es verdad que las crisis atormentaban al Profeta en su madurez y sus enemigos cristianos las atribuían a la epilepsia. Si así fuera, era una forma benigna de la misma. Lo que sí sería más probable es que la constitución psicofísica de Muhammad fuera básicamente del tipo encontrado en muchos místicos.[320]

El secreto de Muhammad

¿No más anormal que el resto de los genios literarios, los artistas y los místicos? ¿Epiléptico, pero poco? Gracias por nada. Más aún cuando parece que ha habido un virage de 180° en la consideración científica que hasta ahora tenía esta enfermedad. El profeta Muhammad lleva siglos siendo denostado bajo el calificativo de "epiléptico", y ahora resulta que Mircea Eliade se descuelga afirmando que la epilepsia es una de las formas psicológicas de las que parte alguién que se convertirá en chamán:

> El futuro chamán se singulariza desde su adolescencia: muy pronto enferma de los nervios y a veces es incluso víctima de ataques epilépticos, que se toman como un encuentro con los dioses [...]. Nos interesa insistir en esta noción de singularización por medio de una experiencia insólita y anormal. Porque es preciso considerar que la singularización como tal surge de la dialéctica misma de lo sagrado. Sabemos que el chamán esquimal o indonesio sufre ataques de epilepsia, aunque no se debe al hecho de padecer ataques de epilepsia el que un chamán esquimal o indonesio posea su fuerza y su prestigio; *sino al hecho de que pueda dominar su propia epilepsia.*[321]

Por su parte, Dostoievsky usó como ejemplo la descripción del Paraíso que aparece en el Corán para explicar su primer ataque epiléptico a la matemática rusa Kovalevskia:

> ¡Vosotros sois personas sanas y no tenéis la más mínima idea de la felicidad que nosotros, los epilépticos, sentimos antes de un ataque! Mahoma asegura en el Corán que había visto el Paraíso y que había podido permanecer allí. Todos los sabelotodo son de la opinión que era un mentiroso y un embustero. ¡No, no, no mentía! Se había ensimismado realmente en el Paraíso, en efecto lo había hecho, y lo hizo durante los ataques epilépticos que también él padecía. No soy capaz de

decir si esa beatitud dura segundos, horas o meses, pero, palabra de honor, no la cambiaría por todas las alegrías terrenales.

Personalmente, para mí, lo que acaba siendo experiencia de Paraíso en Muhammad debe menos a la epilepsia que a una serie de componentes que se fueron incrustando en el mundo interior del Profeta:

> • En primer lugar, para una genealogía de la *Ÿanna*, habría que destacar el impacto que tuvo en la sensibilidad del Profeta el oasis de aṭ-Ṭâ'if en el que pasó su infancia.[322]
> • A esta *base emocional*, se le añadieron indudables elementos de las narraciones que Muhammad oía de niño sobre la visita que 'Antar –el héroe nacional árabe– hizo al palacio del Rey de los Persas, Cosroes.[323]
> • Y, en tercer y último lugar, todo ello, fue proyectado sobre la vida de ultratumba, en clara deuda con el Paraíso de Osiris, proveniente de un Antiguo Egipto que no era tan antiguo, porque sobrevivía de boca en boca, y que acabó siendo –sólo Dios sabe cómo– el núcleo de las visiones de "la otra vida" que solía tener el monje sirio San Efrén (siglo IV).[324]

Yo no creo que Muhammad fuera un epiléptico, como no creo que fuera un esquizofrénico. Porque ambas son enfermedades, y no creo que el Profeta fuera un enfermo. Creo que fue una persona hipersensible.[325] Creo que no era un hombre corriente. Y creo que, en el estado actual de pérdida de *fiṭra,* no tenemos forma de hacernos cargo de la percepción muhammadiana de las cosas. Mucho de lo que se ha contado en este libro sobre Muhammad nos resulta extraño porque ya nosotros somos extraños para la vida.

En cualquier caso, mi objetivo al escribir estas páginas ha sido reabrir los estudios muhammadianos en el seno de nuestra comunidad. Sin una auténtica comprensión de Muhammad, el Islam se nos escapa de las manos. No podemos ser musulmanes de media *shahâda*; musulmanes que sólo hablen de Allâh. Y no podemos dejar por más tiempo que sean los arabistas los que investiguen nuestras verdades y nuestras mentiras. Todo lo que sea mentira, mito o exageración, debe salir a la luz urgentemente. Muhammad fue lo que fue y no fue lo que no fue. No era demasiado culto, no era en absoluto original, no era tampoco ingenuo; sí era sincero, sabía escuchar, tenía fuerza... Ya que hemos conseguido desnudar a Al-lâh de todos sus ropajes de teología (*lâ ilahâ il-lâ l-lâh*),[326] no dejemos que nos roben a Muhammad, que nos lo desvirtúen, que nos lo almibaren, que nos silencien *Muhammad rasûlul-lâh*, porque entonces seguiremos sin los instrumentos de transformación de nosotros mismos que brotan de la *shahâda* completa, seguiremos sin la experiencia que hizo de Muhammad el Hombre Universal, sin vía posible hacia el orden, hacia la fuerza y la sanación de nuestro mundo.

La salud; ésta es la clave. Por eso, *Islam* es de la misma raíz que "tener salud" ("sano": *sâlim* – "musulmán": *muslim*); porque era eso lo que siempre estuvo en juego. Tal vez el Profeta se supo aquejado de alguna enfermedad nerviosa, o tal vez no habría que calificar de enfermedad la hipersensibilidad. El caso es que encontró el camino de su curación, de su felicidad, de su tranquilidad. El chamán es el hombre que, porque se cura a sí mismo, puede curar a los demás. Los chamanes conocen el significado oculto de las cosas y las vinculaciones menos perceptibles, y por eso son capaces de seguir el rastro de las realidades más allá de lo aparente, y pueden sanar a los enfermos. La tradición islámica no ha cesado de atribuir a Muhammad una serie de curaciones en hadices de cuya transmisión no nos atrevemos a dudar, por ejemplo, la del hueso roto de 'Abdul-lâh ibn Atik (transmitido por Bara'), o la del ojo que perdió 'Uzmân ibn Mazun (transmitido por Ibn Hishâm). Personalmente, a nosotros nos sería más que suficiente su función de "médico de los corazones" para considerar que ha actuado como un chamán entre los suyos, porque su verdadera manera de curar se proyecta sobre toda la humanidad en forma de *dîn* del Islam.

15. CONCLUSIÓN

El profeta Muhammad consiguió construir con su vivencia chamánica una comunidad universal, evitando que su intimidad con Al-lâh se perdiese y dejara de ser útil a la sociedad humana en los siglos sucesivos.

A pesar de las leves diferencias (siempre las hay entre los chamanes de uno y otro lugar), reconocemos en lo que vivió Muhammad la experiencia y las características del chamán siberiano, del chamán andino, del chamán mexicano... Parece elaborada para nuestro amado Profeta esa descripción yakute de chamán:

> El chamán perfecto debe ser serio, tener tacto, saber convencer a los que lo rodean; sobre todo, no debe parecer nunca presumido, orgulloso, violento. Debe sentirse en él una fuerza interior que no ofenda, pero que tenga conciencia de su poder.

Para nosotros no cabe duda de que la experiencia extática y trascendente del profeta Muhammad es verdadera. La palabra que se transmite a través del Mensajero de Al-lâh es auténtica Revelación, es decir, esclarecimiento de sentido en la existencia que se abre paso a través de alguien. Incluso muchos no musulmanes sin prejuicios han llegado a darse cuenta. Thomas Carlyle, célebre ensayista y pensador inglés, al mismo tiempo que renegaba del Corán diciendo de él que era el libro más

142

aburrido del mundo,[327] describía así la fuerza con que hablaba Muhammad a los suyos:

> La palabra de un hombre así es una voz que surge directamente del propio corazón de la Naturaleza. Los hombres la escuchan, seguros, y es preciso que escuchen esta palabra como ninguna otra cosa en el mundo, porque todo lo demás es –en comparación– viento.[328]

Negarle a Muhammad la condición de "chamán", con el conocimiento que de dicho fenómeno tiene Occidente, no podría sino obedecer a una estrategia del miedo. Muhammad no ha de ser un personaje con fuerza en una circunstancia como la actual en la que sólo el Islam se presenta como alternativa seria al Sistema, así que privémosle de ser el chamán que vino a sanar a toda la humanidad desde la condición elemental del ser humano. Muhammad no es un Profeta-estrella como Jesús o el Buda; Muhammad es el marco básico de la persona. No se puede partir de menos que de Muhammad: huérfano,[329] pobre, sencillo, con la cultura-ambiente de unas gentes toscas y primitivas como eran los árabes del Ḥiÿâç,[330] y –para colmo– con una salud frágil[331] y una exagerada sensibilidad nerviosa... Es difícil contar con menos de partida que el Profeta del Islam; de ahí su carácter de "sello de la profecía". Pero, por eso mismo, nadie tiene excusa para no plantearse la meta lo que se propuso Muhammad.

Porque, ¿qué hizo con su orfandad? Hacerse padre de una comunidad universal de creyentes y formar una *Umma*-madre donde sintió la protección y el *salâm* de su Señor. ¿Qué hizo con su pobreza? Mantenerse en ella para alterar definitivamente el orden de valores dominadores-dominados. ¿Qué hizo con su falta de conocimientos eruditos? No pretender lo que no tenía; mantenerse vacío ante su Señor para no manipular con sus criterios la Revelación. ¿Qué hizo con la tosquedad intelectual de los que lo rodeaban? Aprender con ellos; entrenarse en cómo llevar a la gente a cuestas desde la ignorancia más absoluta a los altos conocimientos de la *ma'rifa* del Islam. ¿Qué hizo con esa hipersensibilidad nerviosa que era su única herencia? Encauzarla bien y curar luego a toda la Humanidad creando a partir del *dîn* del Islam un acceso a estas mismas energías telúricas que bien conocidas son la clave del señorío sobre la existencia.

Lo que nos sigue asombrando –tras este breve pero intenso estudio sobre el Profeta– es Muhammad como conductor de alto voltaje, como convertidor de la energía propia de la experiencia del caos en palabra que ordena el mundo. El mérito de Muhammad no es haber tenido la experiencia de la muerte y la resurrección, sino el de haber sabido con ella construir una comunidad humana. La novedad de Muhammad respecto a tantos otros chamanes es su forma de relacionarse con los demás, abriendo ante ellos un horizonte de experiencia que antes no poseían y unos objetivos de vida que antes no conocían. Nos admiramos de cómo pudo Muhammad transformar la virulencia de la experiencia chamánica en normas precisas de ordenación de la vida cotidiana. Como convirtió la *wâgila* [la sensación de Fin del Mundo] en un mensaje invitando a la delicadeza en el trato humano y el cuidado de las cosas. Sabiendo, como sabemos, que lo excesivo de la experiencia de la que hablamos a duras penas consigue llegar de forma positiva a la sociedad transformada en gesto de curación de un enfermo. Normalmente, la palabra que el chamán puede balbucear como resultado de su experiencia desarticula la sociedad, que se basa en la permanencia de valores, y por eso el chamán se calla y tan sólo cura. Porque, eso sí, su *baraka* –lo que extrae de su experiencia– es sanadora, útil para los hombres que le rodean; no su palabra, no su comprensión caótica. La fabricación de una religión –fue el caso de Jesús, y también el de Muhammad– es el modo social de controlar la palabra del chamán, y eso sólo ocurre cuando la palabra sale del ámbito tradicional donde se originó. Cuando una sociedad deja de ser tradicional, los sacerdotes se hacen cargo de la Palabra viva y la domestican en forma de religión.

Todo lo que es "visión", "escucha", "experiencia" de Muhammad es más tarde transformado por los clérigos de mente en dogma: el dogma del ascenso de Muhammad a los Cielos, el dogma de la resurrección de los muertos, el dogma de la inmortalidad del alma, el dogma del Paraíso, el dogma del Infierno... Recuerdo, sin embargo, una visión de Muhammad que no se ha conseguido convertir en dogma y que deja en evidencia la transformación de todas las otras visiones en dogmas. Es aquella en que el profeta Muhammad dice «haber visto a su Señor», piedra de escándalo para sabios como Gazzâlî y racionalistas como los *mu'taçila*:

> He visto a mi Señor bajo una forma de suprema belleza, como un joven de abundante cabellera, ocupando el Trono de la gracia; vestía una túnica de oro (o verde); una mitra de oro sobre sus cabellos; y sandalias de oro en sus pies.[332]

No hay modo. Si dejamos de lado que todo fue suceso en Muhammad, no entendemos el Islam. Las visiones no pueden ser materia de dogma... Por ver, el Profeta llegó a "ver" los días de la semana: el viernes, por ejemplo, «tenía la apariencia de un espejo blanco con un punto negro en el centro».[333] "Visión espiritual" y "visión física" formando una sola unidad incomprensible para el hombre que no acaba de trascender la pura materialidad. Por ejemplo, hay un hadiz en que el Profeta dijo haber visto desde el Hiÿâç los palacios del Yemen y los de Persia, con una vista a larga distancia que nos recuerda a los cientos de relatos idénticos de chamanes de otros lugares.

Sin aceptar el valor de "la visión", es imposible apreciar el mensaje de Muhammad. Nos escandalizaremos –literariamente hablando– de que en la *Ÿanna* haya «pájaros con cuellos de camellos que beben en el río al-Kauzar», o que las puertas del Paraíso vayan a estar tan congestionadas «como un abrevadero de camellos sedientos».[334] Serán estas imágenes para nosotros –ignorantes– simple mal gusto literario. Abandonemos por un momento esas valoraciones estéticas en las que entronizamos nuestro complejo de superioridad cultural… ¿Es que no hemos llegado al Islam hastiados de elegancias literarias manidas, de libros filosóficamente invulnerables, de mensajes espirituales al gusto? ¿Es que no hemos descubierto en esa incapacidad muhammadiana de "fabricar belleza" la autenticidad de la experiencia que íbamos buscando? Nos hacemos cargo de las imágenes del Corán y de la forma de expresarse del Profeta como el milagro de la supervivencia de "lo no elaborado" en medio de nuestro mundo de ideas manipuladas y estéticas prefabricadas. Muhammad vio lo que vio y lo expresó como únicamente podía expresarlo alguien sin demasiada formación cultural. Por mí, la belleza literaria puede quedarse en los libros, que yo tan sólo necesito ver con los ojos de Muhammad:

> Alinead las filas y agrupaos, porque –por Aquel en cuyas manos está mi alma– puedo ver al Shaiṭân atravesar los huecos en las filas *como si fuera un rebaño de corderos color tierra*.[335]

Nosotros, en este ensayo, hemos creído probar las similitudes entre 25 rasgos que se dan en las experiencias muhammadianas y sus equivalentes en la experiencia chamánica universal. El objetivo que nos habíamos propuesto es destruir un tabú que sólo contribuye a privarnos de la dimensión más tremenda de la espiritualidad muhammadiana. Y ello por una sencilla razón: si se nos sustrae a Muhammad como lo que fue, un hombre que consiguió encontrar el modo de hacerse cargo de su mundo, se nos obliga a sustituir la experiencia que Muhammad tiene de la existencia por una espiritualidad de amor al Ser Supremo. Y se nos exige centrar en este amor –amor a una entelequia– la aspiración del musulmán, perdiendo la trascendental importancia para nuestros días del mensaje coránico, que no es de amor sino de atención y conciencia de nuestros actos.[336]

Algunos de los rasgos chamánicos del Profeta Muhammad que hemos citado, en resumen, han sido los siguientes:

Elemento 1.	El mensajero alado
Elemento 2.	Violencia de los mensajeros celestes
Elemento 3.	La apertura del pecho
Elemento 4.	El mismo chamán, testigo de la operación
Elemento 5.	El urgamiento en las entrañas
Elemento 6.	El corazón, como víscera que se toca
Elemento 7.	El cerramiento de la herida
Elemento 8.	Las visiones de luz interior
Elemento 9.	Los dolores de cabeza
Elemento 10.	La cueva como lugar de encuentro
Elemento 11.	El sueño como momento propicio
Elemento 12.	El calor místico durante el trance
Elemento 13.	La destrucción del mundo
Elemento 14.	Los muertos salen de las tumbas
Elemento 15.	El paso por el puente del horror
Elemento 16.	El centro del Mundo
Elemento 17.	Ascenso desde la montaña
Elemento 18.	Una cabalgadura alada
Elemento 19.	Un guía en lo desconocido
Elemento 20.	El agua de la vida
Elemento 21.	Una descripción de las regiones beatíficas
Elemento 22.	El Árbol del Centro
Elemento 23.	El alma como pájaro
Elemento 24.	Las esposas celestes
Elemento 25.	El descenso a los infiernos

Y todos estos datos no son ofrecidos a la fe del musulmán (*mu'min*) para que sean aceptados como objeto de creencia, sino propuestos a la capacidad del ser humano de desvelar signos. El musulmán tiene ocasión de experimentar lo que a otros creyentes se les pide que acepten por fe a fin de salvarse. Y, en la medida que el musulmán no pudiera experimentarlo, no se le exige que sea un símbolo válido para él. Porque el Misterio –y de ello debiera tomar buena cuenta la Iglesia Católica– no se impone; se sugiere.

Muhammad no era un casto varón, un beato, un personaje blando representable en *sfumatto*, como tampoco Jesús fue el Cristo de Zefirelli. Muhammad y Jesús, y Moisés, y Zaratustra eran, como ya hemos dicho, hombres que irradiaban fuerza, chamanes, seres humanos que removían las energías de lo que les rodeaba. Un hadiz que se remonta a 'Alî describe a Muhammad de un modo revelador:

> Cualquiera que lo veía de repente, se espantaba de él…

¡Se espantaba de él…! Tal era la impresión que ejercía a simple vista su rostro, su mirada. Y, sin embargo, continuaba diciendo el primo del Profeta:

> …Quien tuviera contacto cercano con él, le amaba.

Tan cierto es que el Profeta no fue un brujo ni un hechicero, alguien que utilizara las energías que le rodeaban para engañar o dañar a sus semejantes, como que Muhammad se constituye en chamán –en sanador de su mundo– porque logró hundir sus raíces en una realidad que nuestra lógica racional actual trata de rechazar. A partir de ahora, todo musulmán converso en Europa deberá saber que el Islam hereda la sensibilidad mágica de los hombres a los que descendió la Revelación, y que lo único que Muhammad amputó de esa sensibilidad fue lo que atentaba contra la soberanía de Al-lâh. El ser humano que se realiza a través de la figura de Muhammad pasa forzosamente por atribuirse la condición chamánica. Porque el Islam no es un cúmulo de experiencias místicas, sino una iniciación, un camino iniciático en toda regla.

Para el entendimiento de una personalidad como la del Profeta hay que llegar al punto de sinceridad que él logró. Muhammad fue siempre transparente a todos los que le rodeaban. No mintía. No fingía. No traicionaba. Por eso, le llamaban en Arabia –ya antes de recibir la Revelación– *al Amîn* [el Digno de confianza]. Bastaba con mirarle a los ojos para darse cuenta de que la historia más inverosímil le había sucedido de verdad.[337] Y lo comunicaba todo como lo había sentido y a cualquiera que estuviese interesado en escucharle. De hecho, Muhammad es lo que ocurre en nosotros cuando ponemos fin a nuestras mentiras. Ése es el secreto de Muhammad: su transparencia, su sinceridad, su falta de pretensión. El secreto de Muhammad es que no tenía secretos.

Concluimos por fin este libro. Muhammad fue un chamán. ¿Que además fue un profeta? ¿Quién lo ha puesto en duda? La naturaleza chamánica y la profética no son opciones que se excluyan. La forma en que Muhammad vinculó lo chamánico y lo profético no fue ni siquiera exclusividad suya, aunque sólo se haya dado en sentido radical en el judaísmo y en algunos tipos de cristianismo marginal. No habría el menor problema en reivindicar también la condición chamánica de todos los profetas que conocemos en la tradición bíblica. Para mí es tan evidente que el Profeta fue un chamán, como que fue *más que* un chamán. Al referirnos a Muhammad como chamán estamos tan sólo atendiendo a un aspecto de lo profético; pero un aspecto trascendental. Todo profeta es un chamán; mientras que no todo chamán es profeta. Lo profético rebasa el ámbito de lo chamánico, pero no puede obviarlo. La función social del chamán queda cumplida contribuyendo a la curación de su mundo, y sólo cuando un chamán lo ha sido para toda la humanidad, más allá del tiempo y las edades, ha sido precisa una palabra que dé sentido al ser humano; sólo a éste le llamamos "profeta".

El problema es que referirse a lo profético, en un mundo como el nuestro, resulta demasiado abstracto… Profecía, Revelación, Palabra de Dios, ángeles que transmiten al hombre esa palabra divina, en el siglo XXI, son temas que corren el riesgo de fabricar un discurso teológico incomprensible, si no preparamos el terreno adecuadamente con una serie de estudios previos. El primero –este libro– contra los prejuicios y la falta de amplitud intelectual. En este trabajo hemos querido mostrar "las tripas de Muhammad", el hecho chamánico, eso de lo que normalmente ni suele ni gusta hablarse, para luego invitar a la comunidad islámica a explicar el fenómeno profético en unos términos inteligibles de cara a nuestros contemporáneos. La palabra profética –la Revelación– presenta unas características específicas que en esta obra deliberadamente han quedado pendiente de ser abordadas.

Según la lógica islámica de la *shahâda* (testimonio de Islam), primero hay que negar falsedades para luego afirmar certezas. Este libro no ha sabido, no ha podido, o no ha querido, desvelar el secreto de Muhammad, el "sí" de Muhammad, la razón por la que pudo recibir, contener y comunicar la palabra de Al-lâh. Nos hemos limitado a afirmar un "no" a todas las falsedades que durante siglos se han volcado sobre su persona. Porque Muhammad contara determinadas experiencias extraordinarias, *lâ*, no fue un farsante, *lâ*, no fue un demente... Sin embargo, cuando hemos llegados al *il-lâ* que definiría a Muhammad nos hemos quedado mudos. Hemos comprendido que del Profeta sólo pueden hablar aquellos íntimos de Al-lâh que lo viven como una realidad actual, y no como un personaje de la historia. Quedamos satisfechos, no obstante, con haber llegado al límite de nuestras capacidades, demostrando que los que hasta ahora han negado la sinceridad de Muhammad o su cordura han sido simplemente gentes que carecían de la suficiente cultura o la indispensable inocencia. O de ambas cosas.

Cuando, por su parte, los musulmanes conversos de Europa dejen de perder el tiempo con Guénon, con Schuon, con Corbin, incluso con Rûmî, o Ibn 'Arabî, y vayan directamente a Muhammad, a su vida y a sus hadices, descubrirán a un hombre que les fascinará y que también les helará la sangre. Y, si quieren seguir siendo musulmanes, tendrán, o bien que negar el hadiz como fuente de conocimiento,[338] o bien resituar su Islam en la tradición semita.

De antemano anunciamos que no nos conformaremos con "un Islam semita"; tenemos que profundizar hasta a la raíz de la universalidad de Muhammad. Pero no podemos llegar a Muhammad desde otra tradición que la suya. No se encuentra a Muhammad en el Islam griego de los filósofos de la *falsafa* o el *kalâm*, ni en el Islam persa de los ishrâquíes, ni en el Islam cristiano de los sufíes, ni en el Islam *wahhâbi* al gusto de los intereses colonialistas. A cada profeta hay que encararlo desde la tradición que lo engendró. Y para hacer de Muhammad el Hombre Universal que es hay que situarse en el desierto. Sólo cuando lo logremos y entremos en el pellejo de Muhammad como fue y como sintió, y carguemos con el peso del Corán como Jesús cargó con la Cruz, sentiremos que dejamos de ser semitas, griegos o cristianos y somos universales, como él lo fue.

Pero lo primero es lo primero. Y lo primero es volver al desierto de Arabia del siglo VII, un mundo con una propuesta ética y estética diferente a aquel en el que hemos sido educados los conversos. Un mundo en el que Al-lâh tiene dos manos derechas, en el que los mártires resucitarán con sus heridas brotando sangre que olerá a almizcle, que es también a lo que olerán los eructos de los bienaventurados; un mundo en el que la orina y los excrementos del caballo que hemos donado para el *ŷihâd* serán pesados en la balanza de nuestras buenas obras; un mundo en el que quien menos obras buenas haya realizado recibirá en "la otra vida" una luz en el dedo gordo del pie que alumbrará intermitentemente; un mundo en el que los barcos podrán navegar por los surcos que les deje en las mejillas la sangre que llorarán los incrédulos en el Último Día; un mundo en el que se nos dice con desparpajo que el Shaiṭân se escapa soltando pedos al oír la llamada a la oración, que las muelas de los habitantes del Fuego serán como la montaña de Uḥud, que la primera comida de los bienaventurados será hígado de ballena, o que Moisés le pegó al Ángel de la Muerte y le sacó un ojo…[339] Sencillamente, un mundo diferente.

Será en ese desierto de Arabia de hace catorce siglos donde nos encontraremos con Muhammad, el Profeta, el chamán, y su mundo mágico de *baraka*, de genios y demonios. Descubriremos, entonces, una tradición que tiene algo trascendental que enseñar al mundo de hoy: el autocontrol, el miedo a carecer de límites, la postración ante lo que nos supera, la vergüenza de habernos constituido en tiranos de la existencia.

Ahora sí, ya podemos entrar en la estancia de Muhammad como Hombre Universal, como ser humano que podía "ver" las relaciones invisibles entre las cosas porque *estaba en ellas*.

El chamán es el que, porque *está dentro*, observa cómo las cosas se entraman sin por ello tener que dejar el mundo de la acción, el mundo de la gestación de lo nuevo. Ambos ámbitos son el mismo: la contemplación desde dentro y la acción que produce realidad. Porque las cosas se comienzan a relacionar unas con otras sólo cuando han sido llevadas a su culminación. De ahí la importancia que daba Muhammad al correcto acabado de lo que se emprendía. Nos lo enseñó 'Uzmân al-Adzami: «Sólo cuando se completa con cuidado cada una de nuestras obras pueden interaccionar unas con otras y crear a su vez nuevas cosas». Efectivamente, el secreto del Nombre de Al-lâh al-Jâliq (el Creador) es el cariño que nosotros hemos puesto en lo que hemos hecho. Esto es lo único que tenemos que hacer: quemarnos en la realidad, y dejar que nuestras cenizas penetren con la lluvia de la *raḥma* en la dura realidad material que nos soporta.

El Islam que le quede al converso tras sus pesquisas a duras penas podrá ser llamado "religión", en el sentido en que se entiende hoy día, porque no es "camino de salvación"; es camino, a secas, para andar por esta Tierra con dignidad. No es un pensamiento que se articule en una serie de dogmas en los que debamos creer, sino que son mandatos, intuiciones, palabras, sonidos, que tratan de crear estados de conciencia con los que hacernos cada vez más dueños de nuestro mundo. No tiene por meta conseguir para el creyente una santidad con la que sirvamos de modelo a todos; el objetivo es ser Muhammad: saber cómo relacionarnos con las cosas y los seres, crear vínculos donde no los hay y reforzar los que existan, trabajar con las energías presentes en nuestro mundo. Y curarlo. Porque no otra cosa que curación es lo que necesita un mundo en el que las palabras ya no sirven.

Wa-l- hamdu li l-lâhi rabbi l-'alamîn.

APÉNDICE I:
SEMBLANZA DE MUHAMMAD

(I) Descripción física

Dijo Ÿâbir ibn Sumra: «El Mensajero de Al-lâh era entre-
cano por la parte delantera de la cabeza y en su barba, y
cuando se teñía no se le notaba, pero cuando su cabellera se
soltaba se le notaba. Era de abundante barba». Preguntó alguien si su rostro era como la espada (alargado). Respondió
Ÿâbir: «No, sino que era como el sol y la luna (redondeado).
Yo ví el sello que tenía entre sus hombros y era del tamaño de
un huevo de paloma, similar a su cuerpo (en color y textura)».

Anas narró: «El Mensajero de Al-lâh no era ni excesiva-
mente alto ni bajo. Tampoco era de un blanco total, ni more-
no. No tenía su pelo ni ensortijado ni lacio». En otra tradición
dice Anas: «Era de mediana estatura, ni muy alto ni bajo, de
color resplandeciente, y su pelo le llegaba hasta la mitad de
sus orejas y caída sobre sus hombros».

Se narra: «Era de cabeza y pies gruesos; nunca vi antes ni
después nadie igual que él. Era de palmas amplias». En otra
narración se dice: «Era de pies y manos gruesas y cortas».

Al Burá' narró: «El Mensajero de Al-lâh era de robusta
complexión, de amplias espaldas. Su cabellera alcanzaba los
lóbulos de sus orejas. Lo vi una vez con un manto rojo, y nunca vi nada más bello que él».

Se narra: «Nunca vi entre la gente nadie más bello que el

Mensajero de Al-lâh con su túnica roja. Su cabellera se topaba con sus hombros, y era ancho de espaldas, ni muy alto ni bajo».

Ŷâbir ibn Sumra contó: «El Mensajero de Al-lâh era de boca amplia, de ojos rasgados, de piernas finas».

Zâbit narró: «Fue preguntado Anas sobre el teñido del Mensajero de Al-lâh y respondió: "No era mucho lo que se teñía. Si hubiese querido contar las entrecanas de su barba o de su cabellera, lo habría podido hacer (fácilmente)"». En otra fuente del mismo Zâbit leemos: «Solamente había blanco en los pelos (de la barba) de su labio inferior y en sus sienes, y era escaso en la cabellera».

Anas contó: «El Mensajero de Al-lah era de piel resplandeciente como si sus fibras (venas o entrañas) fueran de perlas. Cuando caminaba se balanceaba. Nunca toqué raso ni seda más terso que la palma del Mensajero de Al-lah, ni olí almizcle ni ámbar más exquisito que el perfume del Profeta».

(Extraído del *Iḥyâ' 'Ulûm ad-Dîn* [Revivificación de las Ciencias del Islam] de al-Gazzâlî. Traducción Shaij 'Alî al-Ḥusainî.)

Muhammad tenía los ojos negros y grandes, con el globo ocular lleno de líneas rojas. Dotado de una potente vista, podía contar once astros en la constelación de las Pléyades. Su tez era blanca y los dientes en su boca parecían "perlas en una caja de rubí". Con una frente ancha, cabeza grande, cejas arqueadas en las que los pelos se juntan por encima de la nariz, tenía el estómago apretado, que sobrepasaba la línea del pecho; el cuerpo desprovisto completamente de vello; sus cabellos no eran ni rizados ni de punta; tenía los pómulos planos y las plantas de los pies no presentaban hueco, hasta tal punto que dejaba una huella uniforme al pisar. Con el pecho ancho y las piernas delgadas, tenía la nariz larga y arqueada. Tenía la voz dulce y muy clara, y hablaba tan lentamente que se podían contar las letras de las palabras que iba pronunciando. Le gustaba cuidar su peinado y se dejaba crecer una bonita barba que perfumaba, así como sus cabellos que a menudo tocaban sus hombros. La parte superior de su talle era larga, y cuando estaba sentado en compañía, era siempre más alto que los de su entorno. Andaba rápido como si bajara una pendiente.

(Extraído de M. Ḥamîdul-lâh. *El profeta del Islam: su vida y su obra*. Traducción: 'Abdul-lâh Tous y Naÿât Labrador. Edición inédita en castellano, pág. 14.)

(II) Descripción espiritual

Rasûlul-lâh era el más bondadoso de los hombres y el más valeroso, el más justo y el más prudente. Sus manos jamás rozaron a una mujer que no fuera suya o perteneciera a su familia. Y era el más generoso y el más noble: no llegaba la noche sin que se hubiera desprendido de lo que tuviera algún valor; no volvía a su casa hasta no haber entregado el último dirham o dinar que llevase consigo. Sidna Bilal lo encontró una noche a altas horas de la madrugada en la Mezquita, y Rasûlul-lâh le dijo: «No puedo descansar con mi gente; tengo un dinar y todavía no he encontrado quien lo necesite». Y sólo volvió a su casa cuando se hubo librado de la última moneda. Únicamente guardaba el alimento que necesitaba para un año, y era lo que con más facilidad podía encontrar: dátiles y cebada; lo demás lo esperaba de Al-lâh. Y de lo que guardaba daba a los demás. Muchas veces se le acababa lo que tenía antes de que se cumpliera el año. Remendaba sus sandalias y su ropa, y ayudaba a su familia en los menesteres de la casa. No fijaba su mirada en el rostro de nadie y acudía a donde se le invitara, ya fuese la casa de un rico o de un pobre, de un esclavo o de un hombre libre. Aceptaba los obsequios, aunque fuera un

*sorbo de leche, pero rechazaba las limosnas. Atendía a los escla-
vos y a los mendigos, y se enfadaba cuando se ofendía a Al-lâh,
pero no cuando lo injuriaban a él. Cumplía lo que era justo aunque fuese contra él y sus compañeros. En su casa o donde lo in-
vitaran agradecía sinceramente lo que se le ofreciese, aunque
fuese escaso o humilde. Jamás comía hasta la saciedad, ni lo
hacía tumbado ni sobre asiento alguno, sino sentado en el suelo y decía: «Soy un esclavo y como como los esclavos». Visitaba a los enfermos y acudía a los entierros. Y era el más humilde de los hombres, caminaba sin escolta entre sus
enemigos y nunca lo hacía con arrogancia. Vestía lo que tuviera, una simple túnica o, sobre ella, un manto cuando lo tenía, hechos de cualquier tejido, lino o lana, pero nunca seda.
Cabalgaba sobre cualquier animal disponible: caballo, camello, mula o asno, o bien iba andando o, incluso, descalzo.
Amaba los perfumes y detestaba los malos olores. Se sentaba
con los pobres y compartía con ellos la comida. Honraba a los
que demostraban tener hermosas cualidades y a aquellos cuya
conducta era recta. Amaba a sus familiares sin preferirlos a
los que eran mejores que ellos. No despreciaba a nadie y
aceptaba las disculpas. Bromeaba sin faltar a la verdad. Reía
sin soltar carcajadas. Veía a la gente divertirse y no les hacía
reproches. Trataba a todos por igual y no temía a los poderosos. Le repugnaban los soberbios y abominaba la ostentación.
No insultó nunca a nadie sin retractarse después. Cuando alguien cometía un error ante él, no le decía: «¿por qué lo has
hecho?». O si era otra persona la que censuraba al que había
cometido la torpeza, él decía: «Déjalo, todo viene de Al-lâh».
Nunca golpeó a nadie, a menos que fuera en el ÿihâd, ni era
vengativo. No sacaba faltas a nada: si le ofrecían una esteri-
lla, dormía sobre ella; si no la había, se acostaba sobre la tierra. Si alguien se le acercaba cuando estaba haciendo el ṣalâ,
se aligeraba para poder atenderle, y después volvía a su ṣalâ.
Cuando acudía a una reunión, él no buscaba un lugar prefe-
rente, sino que se sentaba donde hubiera sitio. No se le distin-*

guía entre sus compañeros, a causa de su humildad. Se sentaba modestamente donde fuera con las piernas recogidas. Si alguien lo visitaba en su casa, le ofrecía la almohadilla sobre la que él se sentaba y le insistía hasta que la aceptaba. Nadie se iba de su casa sin haberse sentido entre el mejor de los seres humanos. Y hablaba poco, pero sus palabras eran la síntesis de muchos pensamientos. Nunca maldijo a nadie y detestaba la maledicencia y la calumnia. Se contentaba con lo que tuviera, fuera mucho o poco: la riqueza no le impresionaba ni le asustaba la pobreza. Volvía su rostro a quien le hablara, escuchaba atentamente y respondía con prudencia y sabiduría. Sus palabras eran las justas y necesarias, y su voz era fuerte, clara y hermosa. Era el más sonriente de los hombres cuando había que sonreír y el más serio de los hombres cuando había que ser serio. Conocía la regla de cada momento y su comportamiento era siempre el adecuado. Nadie había más lejos que él del fanatismo, la intolerancia y el exclusivismo. Ni la victoria sobre sus enemigos lo envanecía ni la derrota lo amedrentaba. Odiaba la violencia aunque fuese contra un animal. Era leal a sus pactos y nunca faltó a su palabra. No se precipitaba y consultaba a sus compañeros antes de tomar una decisión, no titubeaba. Y a su muerte había creado una Nación.

(Extraído del *Iḥyâ' 'Ulûm ad-Dîn* [Revivificación de las Ciencias del Islam] de al-Gazzâlî. Traducción Abderrahmán M. Maanán.)

APÉNDICE II.
HADICES ACERCA DEL MODO DE PRODUCIRSE LA REVELACIÓN

Conservamos numerosos hadices que relatan el modo de producirse la Revelación a Muhammad. Algunos de ellos ya se han referido a lo largo del libro, parcial o totalmente. Recopilemos ahora los más importantes:

A. Relata 'Â'isha:

(Tras el primer encuentro con el Malak) el Mensajero de Al-lâh volvió con estas palabras –el corazón temblando– al lado de Jadîÿa, hija de Juwailid, diciendo: «¡Arropadme! ¡Arropadme!». Y lo arroparon hasta que se tranquilizó. Entonces le hizo saber la noticia a Jadîÿa:
— ¡Temo por la salud de mi mente!
Pero Jadîÿa lo tranquilizó:
— ¡Nada de eso, por Al-lâh! Al-lâh no dejaría nunca que te alcanzara tal desgracia. ¿No ves que tú respetas los lazos familiares, llevas la carga del débil, das al pobre, honras al huésped y ayudas en las verdaderas desgracias?
Entonces Jadîÿa lo llevó a presencia de Waraqa, hijo de Asad, hijo de 'Abd al-'Uççà, que era primo paterno de Jadîÿa. Éste se había hecho cristiano en los días de la ignorancia y el desenfreno; sabía escribir en hebreo y escribía del Evangelio

lo que Al-lâh quiso que escribiera. Era un anciano de edad avanzada y se había quedado ciego. Jadîÿa le dijo:
—Primo mío, escucha a tu sobrino.
Waraqa le dijo:
—Hijo mío, ¿qué es lo que has visto?
El Mensajero de Al-lâh le contó lo que había visto. Waraqa le dijo:
–Ése es el Nâmûs (el malak *Ÿibrîl), enviado por Al-lâh a Moisés. ¡Ojalá yo fuera joven! ¡Ojalá esté vivo cuando tu pueblo te expulse!*
El Mensajero de Al-lâh dijo:
—¿Es que van a expulsarme?
—Así es. Nunca se ha presentado nadie trayendo lo que tú traes sin ser recibido como enemigo. Pero si tus tiempos me alcanzan vivo te ayudaré con todas mis fuerzas. Waraqa no tardó en fallecer, y la Revelación se interrumpió temporalmente.[340]

B. Relata Ÿâbir, hablando de la interrupción temporal de la revelación:

El Mensajero de Al-lâh contaba:
—Un día que iba andando oí una voz del cielo y levanté la mirada, y he aquí que el malak *que me había visitado en Hirâ' estaba sentado en un trono entre el cielo y la tierra. Me aterroricé y tomé el camino de vuelta. Cuando llegué dije: «¡Arropadme! ¡Arropadme!». Entonces Al-lâh Altísimo reveló: «¡Oh tú, el arropado! Levántate y exhorta, proclama la grandeza de tu Señor, purifica tus vestidos, evita la impureza».*
Entonces maduró la revelación y se hizo continua.[341]

C. Relata Ibn 'Abbâs:

El Mensajero de Al-lâh se dedicaba intensamente a lo revelado, para lo cual movía los labios. Pero Al-lâh Altísimo re-

veló: «No muevas tu lengua con él para apresurarte. A noso-
tros nos corresponde ponerlo todo junto y recitarlo". A partir
de entonces el Mensajero de Al-lâh, cuando lo visitaba Ÿibrîl,
escuchaba; y cuando Ÿibrîl se marchaba, el Profeta recitaba
lo que le había recitado [Ÿibrîl].[342]

D. *Relata 'Â'isha:*

Al-Hâriz ibn Hishâm, le preguntó al Mensajero de Al-lâh:
—¡Oh Mensajero de Al-lâh! ¿Cómo te llega la Revelación?
Y el Mensajero de Al-lâh respondió:
—A veces me llega como el tañido de una campana de ma-
dera, que es lo que me resulta más doloroso; cuando me deja
conservo sus palabras. Otras veces el malak *se me representa*
como un hombre que me habla y yo retengo sus palabras.[343]

E. *Çaid ibn Zâbit dijo:*

Una vez, cuando el Mensajero de Al-lâh estaba recibiendo
la revelación divina, su muslo, que estaba apoyado sobre el
mío, llegó a pesarme tanto que temí que me lo aplastara.[344]

F. *Cuenta 'Âsim al-Ahwal que el tío de Umm 'Amr le dijo*
que:

[…] estaba de viaje con el Mensajero de Al-lâh cuando la
sûra al-Mâ'ida le fue revelada. El peso que llegó a tener el
Profeta acabó rompiendo el cuello al camello.[345]

G. *Ya'là ibn Umaiya narra:*

'Umar me dijo: «¿Querrías ver al Mensajero de Al-lâh mien-
tras le sobreviene la Revelación?». Levantó el borde del velo de
su cara cuando tenía la Revelación en al-Ji'râna, y tenía el ros-
tro encendido. Y gimoteaba como un ternero recién nacido.[346]

H. Relata 'Ubâda ibn as-Sâmit:

El Profeta, cuando recibía la Revelación, parecía como encolerizado y se le demudaba el rostro.

Y se cuenta también que dejaba colgar la cabeza y sus compañeros hacían lo mismo. Cuando salía de aquel estado volvía a levantarla.[347]

APÉNDICE III: NARRACIÓN LITERARIA DEL VIAJE NOCTURNO

Es evidente que la narración significativamente lineal y ordenada de este Viaje Nocturno de Muhammad según Meybodi[348] nos hace pensar que sea una versión literaria construida a partir de esas pequeñas confesiones puntuales que son los hadices del Profeta, no obstante, contiene suficientes rasgos de una experiencia originaria para aportar interesantes datos en nuestra investigación.

Tomó entonces mi mano y me sacó de la mezquita donde me encontraba. Allí vi a al-Burâq, que estaba entre Ṣafâ y Marua. Era un animal de cuatro patas parecido a una mula. Su cara era como la de una mujer, tenía orejas como un elefante, unas crines como las de un caballo, patas parecidas a las del camello, cola de caballo y unos ojos como el planeta Venus; su lomo era de rubí escarlata, su vientre de esmeralda verde y su pecho de perla purísima; tenía dos alas hechas de joyas resplandecientes y llevaba en el lomo una silla tejida de oro y seda de la Ÿanna (Jardín). Ÿibrîl dijo: «Oh Muhammad, siéntate en la montura que llevó a Ibrâhîm en peregrinación a la Ka'ba (el Cubo)». En cuanto le puse la mano en el lomo al-Burâq se apartó. Ÿibrîl la agarró de las crines y oí un murmullo de perlas y rubíes. Entonces dijo Ÿibrîl: «Cálmate, al-Burâq y tranquilízate; ¿no conoces a Muhammad? Por Al-lâh El Único, nunca un profeta más amado por Al-lâh se sentará en tu lomo». Cuando al-Burâq hubo oído sus palabras, sudó de confusión, agachó la cabeza y se echó al suelo en señal de sumisión. Ÿibrîl me sujetó al estribo para hacerme montar y Mîkâ'îl arregló mis ropas.

En el camino, Ÿibrîl iba a la derecha, Mîkâ'îl a la izquierda y delante iba Israfil (que será el que toque la trompeta del Yaum al-Qiyâma) que sujetaba las riendas. Al-Burâq iba a una velocidad prodigiosa sin dejar de comportarse según mi deseo; quería que avanzase y avanzaba; quería que saltara y saltaba; quería que se detuviera y se detenía. Durante aquel largo camino oí una llamada que venía del lado derecho: «Muhammad detente, he de hacerte una pregunta». Por tres veces me llamaron, pero yo no hice caso y seguí mi camino. Por el lado izquierdo oí tres veces la misma llamada: «¡Oh Muhammad, hay una pregunta para el Profeta!». Y otra vez pasé de largo sin ocuparme de aquello. Cuando estuve más lejos, vi a una anciana cubierta de joyas que decía: «¡Oh Muhammad, ven hacia mí!». No le presté atención y continué. Entonces pregunté a Ÿibrîl: «Ÿibrîl, ¿qué era la llamada que oí a la derecha?». Respondió: «Era la invitación de los judíos. Si hubieras acudido, tu pueblo habría sido el de los judíos. Y la llamada que oíste a la izquierda era la de los cristianos; si hubieras acudido, tu pueblo habría sido el de los cristianos. Y la anciana que has visto, era el duniâ. *Si hubieses ido hacia ella, tu comunidad habría escogido el* duniâ *en lugar de al-âjira».*

Llegué a un palmeral y Ÿibrîl me dijo: «Desmonta y haz la ṣalâ». *Lo hice y luego me dijo: «Aquel país es Yazrib». Después, llegué al desierto y también allí me ordenó desmontar y hacer la* ṣalâ. *Y me preguntó: «¿Sabes qué lugar es éste?». Dije yo: «Al-lâhu a'lam» (Al-lâh sabe). Respondió: «Es Medina y allá están el Sinaí y la Zarza en llamas». Después de esto llegué a una extensa llanura donde había fortalezas. Me dijo que hiciera la* ṣalâ, *cosa que hice, y luego me contó que aquel lugar era Belén, donde nació el profeta Sidnâ 'Îsà. En aquel momento tuve sed y vi un* malak *que llevaba tres copas, en una había miel, en otra leche y en otra vino. Me dijo: «Escoge y bebe lo que quieras». Tomé leche y un poco de miel y dejé el vino. Ÿibrîl dijo: «Por tu naturaleza y la de tu pueblo, sientes inclinación por lo sano y bueno. Si hubieses cogido el vino, habrías cometido una falta contra tu pueblo y vuestra naturaleza». Y los* malâ'ika *proclamaron: «Salud a Ti, Oh primero, Oh Último, Oh Resurrector».*

Después de esto vi un país triste, angosto y sombrío. De allí pasé a cruzar un país risueño, amplio y claro. Le pregunté a Ÿibrîl: «¿Qué país era aquél y cuál es éste?», respondió: «Aquel era la Ÿahannam *y éste es la* Ÿanna». *Luego me tomó de la mano Ÿibrîl y me llevó a una roca. Llamó a Mîkâ'îl y él llamó a todos los* malâ'ika *por sus nombres, para que hicieran descender el* mi'râÿ *desde la* Ÿanna *hasta el cielo del duniâ y desde el cielo del* duniâ *hasta Jerusalén. Y el* mi'râÿ *era semejante a una escala con un extremo apoyado sobre la roca y el otro de crisolita verde. Y sus escalones, uno de oro, otro de plata, otro de rubí y luego de esmeralda y de perla. Ÿibrîl me puso en el primer escalón y vi mil* malâ'ika *que cantaban la Alabanza: ¡Subhânal-lâh! con mucho amor y cuando advirtieron mi presencia, me alabaron y se acercaron a mí, anunciándome la* Ÿanna *para mi comunidad. Subí luego al segundo escalón y vi dos mil* malâ'ika *de la misma clase; en el tercer escalón vi tres mil* malâ'ika *y así sucesivamente hasta el cincuenta y cinco escalón. Cuando llegaba a un nuevo escalón los* malâ'ika *se multiplicaban hasta que llegué al cielo del duniâ. Las criaturas del cielo preguntaron: «¿Quién es éste?». «Es Muhammad», dijo Ÿibrîl. «¿Está elegido para la Profecía?», preguntaron: «Sí», respondió. Y ellos exclamaron: «¡Bendición para él y su pueblo! ¡Qué buen invitado!». A nuestra llegada los* malâ'ika *se regocijaron y se anunciaron entre sí la buena nueva, saludándome y acogiéndome. Vi grandes* malâ'ika *cuyo representante era Ismâ'îl que los tiene a todos bajo su autoridad. Con él estaban otros sesenta mil* malâ'ika *y –como los sesenta mil* malâ'ika– *otros cien mil to-*

dos ellos guardianes del cielo. Contemplaba su multitud cuando Ÿibrîl dijo: «Los que luchan por Al-lâh no conocen otra cosa que a Él». Luego vi a un hombre hermosísimo y de naturaleza excelente y le pregunte a Ÿibrîl quién era. Me dijo: «Es tu padre Âdam». Lo saludé y él me devolvió el saludo así: «Bienvenido a este hijo justo y al pueblo de este Profeta justo. ¡Qué buen huésped ha llegado!». Y vi a algunos de los descendientes de Âdam que se presentaban ante él. Cuando el alma de un musulmán pasaba decía: «Alma pura y perfume puro. Poned su respaldo en el grado más elevado». Y cuando veía el alma de un kâfir decía: «Alma impura, olor impuro y sucio, poned su respaldo en el grado más bajo de la Ÿahannam».

El Profeta según Ibn 'Abbâs había contado: «En el cielo vi un gallo de un blanco intenso; bajo su plumaje había plumas verdes; de un verde intenso; su cresta era de color de esmeralda verde, sus pies se apoyaban en la séptima tierra y su cabeza sobre el Trono Supremo y tenía dos alas tan grandes que si las abriera cubrirían Oriente y Occidente. Cuando hubo transcurrido parte de la noche, abrió sus alas, las agitó y cantó la alabanza: "Alabado sea Al-lâh, Señor Único, Alabado sea Al-lâh, El Grande, El Altísimo". En el momento en que cantó se pusieron a cantar y a agitar las alas de todos los gallos del duniâ y cuando se detuvo y calló, todos los gallos del duniâ se detuvieron y callaron. Luego cuando hubo transcurrido una parte de la noche batió de nuevo sus alas y proclamó esta Alabanza: "Alabado Sea Al-lâh Altísimo, El Sublime, El Inmenso, El Destinador, Alabado sea Al-lâh y su Trono Elevado"».

Y otra vez lo imitaron todos los gallos del duniâ. En cuanto vi aquel gallo, deseé contemplarlo de nuevo. Ÿibrîl me llevó en sus alas al segundo cielo. La distancia entre el primer y el segundo cielo dicen que era de 500 años de viaje. Ÿibrîl llamó para que los guardianes del segundo cielo abrieran. Preguntaron: «¿Quién va?». Respondió: «Ÿibrîl». «¿Y quién hay contigo?». «Es Muhammad.» «¿Rasûlul-lâh?» «Sí.» «¡Bien-venido aquel al que se esperaba! ¡Qué buena visita!». Vi a dos jóvenes en el segundo cielo, Ÿibrîl me dijo: «Uno de ellos es Yahià y el otro es 'Îsà. Son primos, salúdales». Los saludé y me respondieron: «Bienvenido al hermano justo y al Profeta justo». Luego me llevó al tercer cielo y todo ocurrió de la misma forma. Vi a Yûsuf, el que ostenta la hermosura. Lo saludé y me respondió con estas palabras: «Bienvenido al hermano justo y al Profeta justo». Luego me condujo al cuarto cielo. Allí vi a Henoc, que me acogió en los mismos términos y yo recité la âya del Qur'ân: «Accedió a una dignidad muy elevada». Luego me condujo al quinto cielo en el que vi a Aarón y me acogió cariñosamente. El Profeta dijo: «En el quinto cielo vi un malak *mitad cielo mitad fuego y todos decían: "Al-lâh puede conciliar la nieve con el fuego. Así establece la amistad entre los musulmanes".». Tras esto, me llevó Ÿibrîl al sexto cielo. Vi a Sidnâ Mûsà, le saludé y el me respondió. Cuando le dejaba se puso a llorar. «Mûsà, ¿por qué lloras?», le dije. Y respondió: «Lloro a causa de este hombre de cuyo pueblo entrará en la Ÿanna más gente que del mío». En el sexto cielo vi una Morada que llaman la "Morada Gloriosa". Es el lugar donde los escribas y secretarios consignan el Qur'an que Ÿibrîl les enseña. Al-lâh el Glorioso los llama los emisarios nobles e íntegros (Qur'an 30:15).*

Después de esto me llevó al séptimo cielo. Los malâ'ika *eran tantos allí que no había el mas mínimo lugar donde no hubiera una* salâ, *en* Qiyâma, *inclinado y en* suÿûd. *Y vi a Sidnâ Ibrâhîm y le saludé. Me respondió en estos términos: «Bienvenido al hijo justo y al Profeta justo. Trae a tu pueblo contigo para aumentar el número de árboles en la Ÿanna, cuya tierra es pura, amplia y donde hay mucho almizcle y azafrán». Luego recité esta âya del Qur'ân: «Los más cercanos a Él son los que han obedecido a Ibrâhîm y a Muhammad». Y en el séptimo cielo vi la "Morada Llena de vida" (al-bait al-ma'mûr), entré en ella e hice la* salâ. *Ante ella había un Mar en el que entraban por grupos los* malâ'ika; *luego, volvían a salir y se sacudían. Y de cada gota creaba el Todopoderoso un* malak *que hacía la peregrinación a la "Morada Llena de vida". También vi un* malak *sentado en un trono con algo parecido a un vaso delante de él; en su mano había una mesa cubierta de inscripciones de luz que él escrutaba sin apartar nunca la cabeza ni a la derecha ni a la izquierda, como alguien que esta pensativo y triste. Pregunté: «Ÿibrîl, ¿quién es?». Me dijo: «Es el* malak *de la muerte, Muhammad. Tal como ves está siempre absorto en su trabajo, que eternamente consiste en apoderarse de las almas». Le dije: «Ÿibrîl ¿todo aquel que muere lo ve?». «Sí», dijo. «Pues entonces la muerte es un asunto grande y difícil.» «Sí, Muhammad, pero lo que sucede después de la muerte es un asunto más grande y más difícil.»*

Y, acercándome al malak *de la muerte, anunció: «He aquí a Muhammad, Profeta de misericordia, el enviado a los árabes». Entonces le saludé y me devolvió el saludo, mostrándome sus atenciones y sus gracias. «Muhammad, regocíjate de todo el bien que veo en tu comunidad». Dije: «Alhamdulil-lâh, el Dispensador me favorece». Luego pregunté: «¿Qué es la mesa que contemplas?». «En ella está escrito el destino de los seres», respondió. «Esta decretado que yo examine el destino de cada cual y que cuando llega a su fin le tome el alma.» Yo dije: «¡Subhânal-lâh! ¿Puedes tomar desde aquí el alma de los seres de la tierra sin moverte de tu morada?». «Sí —respondió—, el vaso que ves ante mi es semejante al universo y todas las criaturas de la tierra están ante mis ojos. A todos los veo y mi mano a todos alcanza; así, cuando quiero, puedo arrebatarle el alma.»*

Seguí más allá del séptimo cielo hasta que llegué al "Azufaifo del Límite", un árbol inmenso. Un árbol plantado en el suelo, de tamaño extraordinario, más dulce que la miel y más delicioso que la nata. Sus hojas eran tan grandes como orejas de elefante. Del pie de este árbol salían cuatro ríos, dos exte-

riores y dos interiores (bâṭin). *Ÿibrîl dijo: «Los dos ríos exteriores son el Nilo y el Eúfrates y los dos ríos secretos corren por la Ÿanna». Vi una luz cegadora que brillaba en aquel árbol y una mariposa viva de oro, así como una multitud de malâ'ika cuyo número solo Al-lâh sabe.*

Ÿibrîl me dijo: «Muhammad, ve delante». Dije yo: «¡Oh, no! tú primero». Ÿibrîl dijo: «¡Por Al-lâh!, tú eres el Amado de Al-lâh, más querido y más digno que yo de avanzar». Entonces pasé delante y Ÿibrîl seguía mis pasos, hasta que llegué al primer velo de los velos del Umbral del Todopoderoso. Ÿibrîl descorrió el velo diciendo: «Soy Ÿibrîl y está conmigo Muhammad». Desde el otro lado del velo un malak proclamó: «Al-lâhu Akbar», luego pasó la mano por debajo del velo y me atrajo hacia sí, mientras Ÿibrîl quedaba tras el velo. Le dije: «Ÿibrîl, ¿por qué te quedas?». Me dijo: «Muhammad, es éste el lugar que me corresponde, éste es el límite de la ciencia ('ilm) de las criaturas, el saber de las criaturas no puede extenderse más allá; llegado a este punto se detiene». En un abrir y cerrar de ojos, el malak me llevó de aquel velo al segundo, separado por una distancia de un siglo de viaje. De igual forma llamó, diciendo que era el guardián del primer velo y que Muhammad le acompañaba. El malak del segundo velo exclamó: «¡Al-lâhu Akbar!», pasó la mano por el velo, me hizo pasar al interior y en un abrir y cerrar de ojos me condujo al tercer velo, con una distancia de tres siglos de camino. Y así sucesivamente fui conducido al velo setenta. La anchura de cada velo equivalía a quinientos años; entre dos velos; la distancia era también de quinientos años. Dicen que estos velos están hechos de luz y tinieblas, de agua y nieve, y dicen que también algunos de estos velos son de perlas y otros de mariposas de oro. Entonces vi una cortina verde colgada de una cornisa y dijo: «He vagado por todos los pisos de la Ÿanna, de arriba abajo, hasta que fui colgado en este trono. Contemplaba el Trono, la tabla guardada, los porteadores del Trono Supremo y los Misterios de Al-lâh, El Magnífico». Cuando lle-

*gué a esta estación fui acogido por Al-lâh. Muhammad recibió
revelaciones, contempló lo que contempló y oyó lo que oyó.
Fue testigo del estado (maqâm) de Proximidad Suprema. Su
alma conoció el estado de descubrimiento de los Misterios
(mukâshafa); su corazón conoció el gozo del Testigo de Al-lâh
(mushâhada). Su espíritu probó la dulzura de la Visión y su Secreto (sirr) llegó al estado de Unión. Al contemplar este universo, lleno de temor respetuoso, de Majestad, de orden y Divinidad, perdió la conciencia de sí mismo. De esto nada puede
explicarse con palabras y ni el espíritu ni el alma pueden concebirlo. Quedó estupefacto y perdido hasta que una Gracia
emanada del Umbral del Gran Señor, Señor de la Gloria, que
devolvió el orden a su corazón, le echó una mirada y le dio
testimonio de sus Bellezas y sus Favores. Al-lâh le dijo: «Mi
Profeta posee el dîn en mi Libro y ha transmitido mi Mensaje
en la verdad, con rectitud y con exactitud». Cuando Muhammad hubo oído aquellas palabras que Al-lâh le dijo y fue testigo de aquella bondad, se recobró y se irguió, su cuerpo se
unió a su corazón, su corazón a su alma (ÿân) y su secreto
(sirr) a su yo sutil (çamir) «[…] Deseé ver cómo era la Ÿahannam. Vi un malak de rostro horrendo, cruel, iracundo y
amargo. Sentí miedo de él y le pregunte a Sidnâ Ÿibrîl:
«¿Quién es ése, que al verlo soy presa de temor y espanto?».
Ÿibrîl me dijo: «No es asombroso, pues todos nosotros, los
malâ'ika, sentimos ante él el mismo temor y espanto. Es Mâlik, el señor de la Ÿahannam; en él no fueron creadas ni la alegría ni la felicidad y jamás sonríe». Y le dijo: «Mâlik, éste es
Muhammad, el Sello de la Profecía, el enviado a los árabes».
Él, entonces, me miró, me saludó y cumplimentó y me anunció
la Ÿanna. Le dije: «Dime cómo es la Ÿahannam». Respondió:
«La cocieron mil años hasta que se puso roja, la cocieron mil
años hasta que se puso blanca, la cocieron otros mil años hasta que se puso negra. Ahora es negra, tenebrosa como una
montaña de fuego y en ella la gente se devora. Muhammad, si
a un anillo de esta cadena de fuego (nâr) lo pusieran sobre*

una montaña de la tierra, la quemadura fundiría la montaña como si fuera estaño y llegaría hasta las entrañas de la tierra». Yo dije: «Mâlik, muéstrame una parte de la Ÿahannam». Entonces me abrió un rincón de él: una llama de las llamaradas de la hoguera surgió negra y tremenda. El humo cubrió los horizontes, que quedaron sumidos en las tinieblas. Sentí un espanto inmenso ante aquella cosa horrible, tanto que no puedo expresarlo. Viendo aquello, perdí el conocimiento y Ÿibrîl tuvo que sostenerme y ordenó a Mâlik que devolviera a su sitio aquel trozo de la Ÿahannam [...].

Después de esto, volvimos a la mezquita de Jerusalén, a cuya puerta seguía estando al-Burâq. El Profeta montó, con Ÿibrîl, que lo condujo de vuelta a Meca y allí lo devolvió a su lecho. Aún quedaban varias horas para que terminase la noche. Ÿibrîl dijo: «Muhammad, cuéntale a tu pueblo todo lo que has visto entre los grandes signos y el Poder de Al-lâh». Muhammad dijo: «Ÿibrîl, me tratarán de mentiroso y no me creerán». Ÿibrîl respondió: «¿Y qué tienes tú que ver si ellos no creen?».

RECOMENDACIÓN BIBLIOGRÁFICA

De las biografías de Muhammad en castellano que hemos consultado, aproximadamente unas treinta, a nuestro juicio, la más completa, amena y respetuosa es la de Karen Armstrong recientemente editada en Tusquets (Barcelona, 2005).

Para un acercamiento al texto coránico en castellano, lo mejor que existe con diferencia es el comentario de las sûras 73 a la 114 de Abderrahmán Muhammed Maanán, actualmente inédito. Puede encontrarse en las páginas web *www.musulmanesandaluces.org* y *www.Islamyal-andalus.org*

Las traducciones que existen del Corán completo en castellano no son de nuestro agrado. Existía una excelente edición ahmadí del Corán distribuida por la Mezquita Basharat de Pedro Abad (Córdoba), pero en la reedición actual se ha suprimido el aparato crítico que hacía de ella una joya inestimable.

Respecto a los hadices del profeta Muhammad, contamos en España con las traducciones de *Los jardines de los justos* y *Al Muwatta* editados por el Centro de Publicaciones de Junta Islámica (Almodóvar del Río, Córdoba), accesible en *www.webislam.com*.

Sobre el Viaje Nocturno, hay en castellano un texto de inapreciable valor traducido del árabe en el siglo XIII por un médico judío de nombre Abraham que respondiendo al título *La escala de Mahoma* puede encontrarse en ediciones Siruela, Madrid, 1996.

CITAS CORÁNICAS

2:27	53:1-18	89:1 Y 4
2:254	53:5	89:3
6:123	54:7	91:1-7
13:30	55:24-25	92:1-2
14:45	55:55	93:1-2
15:6	56:37-39	94:1
17:44	65:12	95:1-2
17:60	68:2	96:1-5
20:69	68:51	99:4-5
28:88	69:41-42	103:1
30:51	70:43	
35:1	72:9	
36:50	72:11	
36:54	72:14	
36:64	73:1	
37:36	74:1	
38:17	81:1	
39:65	81:15-18	
41:19-20	81:22	
41:29	82:1	
44:13	84:16-18	
44:51	84:1	
51:39	84:7-9	
51:52	85:1	
52:28	86:1-2	

NOTAS

Todas las traducciones de los siguientes libros se deben a Muhammad 'Îsà García y han sido extraídas de las obras de 'Umar Sulaimân al-Ashqar:

Mishkât al-masâbîh
Maÿma' aç-çawâ'id
Ad-Darr al-mandzûr
Silsilat al-ahâdîz as-sahîha
Musnad, del Imâm Ahmad
Sunan, de Abû Dâ'ûd.
Sahîh al-ÿâmi' as-sagîr
Irwâ' al-galîl
Âkâm al-maryân
Ÿâmi' al-usûl
Sahîh al-ÿâmi'

1. Cansinos Assens, R. *Mahoma y el Koran*. Buenos Aires: Ed. Bell, 1954, pág. 160, tal vez el mejor estudio literario del Corán realizado en castellano hasta el día de hoy.
2. Cansinos Assens, R. *Mahoma y el Koran*. Buenos Aires: Ed. Bell, 1954, pág. 39.
3. ¡Qué duda cabe que toda afirmación tiene sus excepciones! El excelente trabajo de arabistas jóvenes como Victor Pallejá, Pablo Beneito, Miguel Puerta Vilches, Carlos Segovia, Josep Puig, etcétera, muestra que una nueva esperanza se abre para el arabismo español.
4. *Primera crónica general. Estoria de España que mandó componer Alfonso el Sabio*, pág. 265.

Notas

5. A pesar de la condena vaticana del libro del jesuita Jacques Dupuis *Hacia una teología cristiana del pluralismo religioso* por, entre otras cosas, reconocer la autenticidad de la revelación coránica, ya no es insólito en la mejor teología católica aceptar que Muhammad fue un verdadero profeta. Especialmente, R. Caspar, K. Cragg, Cl. Geffré, M. Lelong, M.W. Watt, Gric, etcétera.

6. Eliade, M. *Tratado de historia de las religiones*. Madrid: Ed. Cristiandad, 1981, pág. 125.

7. Afirma con rotundidad Mircea Eliade: «Puede advertirse que el uso de los narcóticos denota, sobre todo, la decadencia de una técnica del éxtasis o su extensión a pueblos o a grupos sociales inferiores» [Eliade, M. *op. cit.* pág. 366].

8. Se sabe, por ejemplo, que sus dos asnos se llamaban 'Ufair y Ya'fûr.

9. *Minbar*: lugar elevado desde el que se habla a la comunidad los viernes en las grandes mezquitas.

10. *Ŷâmi' al-uṣûl*, 12/68.

11. Ḥamîdul-lâh, M. *El profeta del Islam: su vida y su obra*. Traducción: 'Abdullâh Tous y Naÿât Labrador. Edición inédita en castellano, pág. 53.

12. Eliade, M. *El chamanismo y las técnicas arcaicas del éxtasis*. México: Ed. FCE., 1960, pág. 93.

13. Narrado en *Sharḥ as-sunna*. También lo cuenta Dârimî. Véase *Al-Mishkât al-maṣâbîḥ* 3/188.

14. Lo recogen Abû Dâ'ûd, al-Ḥakîm, Aḥmad e Ibn 'Asâkir. Véase *Al-Hâdîz aṣ-ṣaḥîḥa* de al-Albânî 1/28.

15. *Sîra* de Ibn Isḥâq, 105. *Cfr.* Caratini, R. *Mahoma*. Buenos Aires: El Ateneo, 2002, pág. 152. Contrastado con *as-Sîra an-Nabawîya* (la vida del Profeta Muhammad) de Ibn Kazîr, según la edición de Trevor Le Gassick en el Reino Unido: Ed. Garnet, 1998, vol. I, pág. 291.

16. La tradición se encuentra tanto en Muslim como en el *Mishkât al-maṣâbîḥ*. *Cfr.* As-Sîra an-Nabawîya (la vida del Profeta Muhammad) de Ibn Kazîr, según la edición de Trevor Le Gassick en el Reino Unido: ed. Garnet, 1998, vol. I, pág. 298.

17. Lo recoge Muslim y Tirmidzî, y se remonta a Ŷâbir ibn Samûra. *Cfr.* As-Sîra an-Nabawîya (la vida del Profeta Muhammad) de Ibn Kazîr, según la edición de Trevor Le Gassick en el Reino Unido: ed. Garnet, 1998, vol. I, pág. 282.

18. El hadiz que lo avala se remonta a 'Abdurraḥmân ibn Samûra.

19. Por ejemplo, en el hadiz:

> Según Abû Huraira dijo el Mensajero de Al-lâh: Creó Al-lâh a las criaturas, y, cuando terminó de crearlas, se levantó el *raḥim* (vínculo de consanguinidad) y se agarró (como buscando protección) a la cintura de Al-lâh. Al-lâh le dijo: Tranquilízate. (El *raḥim*) dijo: «Aquí estoy, soy frágil (ante los hombres), y vuelvo a ti». Le contesta (Al-lâh): «¿Estarás conforme si me uno a quien se una contigo y rompo (mi relación) con quien te rompa?». Y el *raḥim* dice: «Sí, mi Señor, (esto sería más que suficiente)». Pues te lo concedo.

[*Hadices qudsíes*. Beirut, 1980, tomo I, núm. 111. Traducción al castellano Chakib Zugari.]

20. Por ejemplo, en los hadices:
    • Refirió Qatâda, que Ka'b dijo: «Al-lâh ha creado tres cosas: Creó a Adán con su mano, escribió la Torá con su mano y con su mano plantó el Paraíso. Luego le dijo al Paraíso: "¡Habla!" y el Paraíso respondió: "¡Bienaventurados los creyentes!"».
    [*Kitâb wasf al-firdaus* (la descripción del Paraíso). Granada, 1997. págs. 47-48.]
    • Muÿâhid contó que el Profeta dijo: «Cuando Al-lâh creó el Paraíso, lo hizo por medio de su palabra, poniendo allí la recompensa que quiso; [entonces, el Paraíso] le llamó y le preguntó: "¡Oh Señor!, ¿Para quién me has creado?"». [...] Dijo Al-lâh: «Te he rodeado de lo indeseable» y contestó (el Paraíso): «Entonces creerá en mí la gente».
    [*Kitâb wasf al-firdaus* (la descripción del Paraíso). Granada, 1997. págs. 48-49.]
    Y hay otros hadices en los que el Paraíso y el Fuego discuten entre sí.

21. *Kitâb wasf al-firdaus* (la descripción del Paraíso). Granada, 1997. pág. 121.

22. *Kitâb wasf al-firdaus* (la descripción del Paraíso). Granada, 1997. pág. 113. Y en otro hadiz transmitido por Abû Huraira (pág. 108): «¡Oh Enviado de Al-lâh! A mí me encanta oír, ¿en el Paraíso se puede oír?», y el Profeta le dijo: «¡Claro que sí, por el que me ha enviado a vosotros con la Verdad!, Al-lâh mismo oye a los árboles del Paraíso en tanto que estos lo alaban, lo ensalzan y proclaman su Unicidad con las más hermosas voces que haya oído la creación entera».

23. Para una explicación del sentido de las palabras *hamd* o *subhân*, véase Haya, V. y González. A. *Islam para ateos*. Valencia: Palmart, 2004.

24. Corán, 17:44.

25. *Hadices qudsíes*. Beirut, 1980, tomo II, núm. 354. Traducción al castellano Chakib Zugari.

26. Corán, 36:64, y dice en árabe: *Al-yauma najtimu 'alâ afuâhihim wa tukal-limunâ aidîhim wa tashhadu arÿuluhum bimâ kânû yaksibûn*. Más literal que la tradución en texto: «Hoy sellamos sus bocas, y sus manos nos hablan y sus piernas dan fe de lo que se apropiaban».

27. Corán, 41:19-20.

28. Haya, V. y González. A. *Islam para ateos*. Valencia: Palmart, 2004.

29. Corán, 99:4-5.

30. Buber, M. *Cuentos jasídicos*. 4 vols. Barcelona: Paidós, 1983-1993.

31. 'Âsim ibn Kulaib transmite de lo que oyó a su padre a partir del relato último de la autoridad de unos de los *ansâr*.

32. Esta tradición se remonta a Jabîr. *Cfr*. Azimabadi, B. *Authenticated miracles of Muhammad*. Delhi: Adam Publisher, 2000, pág. 34. La protección del profeta de los que quieren envenenarlo ya aparece en Moisés.

33. *Kitâb wasf al-firdaus* (la descripción del Paraíso). Granada, 1997, pág. 152. La

Notas

misma información en Bujârî *Kitâb al-ÿanâ'iç* 3/184 y an-Nasâ'î capítulo de
las *ÿanâ'iç* 4/41.

34. *Sîra* editada por la Asociación musulmana de España, de N. Dinet & S. Ben
Ibrâhîm. Qatar, 1990. Traducción: Yûsuf Calvo. Contrastada con *as-Sîra an-
Nabawîya* (la vida del Profeta Muhammad) de Ibn Kazîr, según la edición de
Trevor Le Gassick en el Reino Unido: ed. Garnet, 1998.

35. Que la familia de Muhammad tenía un importante rango en la sociedad meca-
na puede deducirse –entre otras cosas– del hecho de que su madre –'Âmina–
no sólo sabía escribir, sino que era poetisa. Lo sabemos porque de ella se han
conservado algunos poemas. Sólo en las familias aristocráticas de *quraish* se
cuidaba la educación de las mujeres. *Cfr.* H̲amîdul-lâh, M. *El profeta del Islam: su vida y su obra*. Traducción: 'Abdul-lâh Tous y Naÿât Labrador. Edición inédita en castellano. pág. 3.

36. Lo recoge Muslim. Traducido por Abderrahmán Muhammed Maanán. Publicado en *www.musulmanesandaluces.org*.

37. Barón D'holbach. *Moisés, Jesús, Mahoma*. Valencia: F. Sempere y Cía editores, pág. 238.

38. Gaudefroy-Demonbynes, M. *Mahoma*. Madrid: Akal, 1990, pág. 57.

39. *Zâtspram*, 22:12-13. *Cfr*. Eliade, M. *Historia de las creencias y de las ideas religiosas*. Vol. 1°. Madrid: Ed. Cristiandad, 1978, pág. 325. La transcripción
"Amahrspand" que hace Eliade es irregular; en avéstico: *amesha spenta*; en
pahlavi: *amshaspend*.

40. Eliade, M. *El chamanismo y las técnicas arcaicas del éxtasis*. México: Ed.
FCE., 1960, pág. 68.

41. Eliade, M. *El chamanismo y las técnicas arcaicas del éxtasis*. México: Ed.
FCE., 1960, pág. 48.

42. Eliade, M. *El chamanismo y las técnicas arcaicas del éxtasis*. México: Ed.
FCE., 1960, pág. 54.

43. Eliade, M. *El chamanismo y las técnicas arcaicas del éxtasis*. México: Ed.
FCE., 1960, pág. 47.

44. Eliade, M. *El chamanismo y las técnicas arcaicas del éxtasis*. México: Ed.
FCE., 1960, pág. 63.

45. Eliade, M. *Iniciaciones místicas*. Madrid: Taurus, 1975, pág. 167.

46. Eliade, M. *El chamanismo y las técnicas arcaicas del éxtasis*. México: Ed.
FCE., 1960, pág. 58.

47. Véase *infra* «Elemento 11: el sueño como momento propicio».

48. Hasta el presente no se ha insistido bastante en este interesante aspecto de la
parálisis que produjo la Revelación a Muhammad. La versión que hemos co-
piado es la de 'Abdul-lâh ibn aç-Çubair recogida por at̲-T̲abarî y traducida por
Abderrahmán M. Maanán.

49. Haya, V y González, A. *Islam para ateos*. Valencia: Palmart, 2004.

50. Eliade, M. *El chamanismo y las técnicas arcaicas del éxtasis*. México: Ed.
FCE., 1960, págs. 73-74.

51. También en hebreo los *gibborim* son los valientes guerreros. Hay un sentido latente en la palabra *gibor*, que alude a la potencia sexual...
52. O bien: «De barro pegajoso».
53. Corán, 96:1-5.
54. Si no nos situamos en clave semita no podremos comprender la identificación que existe tanto en el relato de Jacob como en la experiencia de Muhammad entre Al-lâh y su ángel. Ÿibrîl es Al-lâh cuando se manifiesta a Muhammad, como se comprueba en el pasaje del Corán 53:1-18, en el que Muhammad dice ver a Ÿibrîl sentado en su trono del cielo y cómo se quedó de él a la distancia de dos arcos. El magnífico trabajo de Riwkah Schärf "La figura de Satanás en el Antiguo Testamento" suministra innumerables ejemplos bíblicos de identificación entre Dios y su ángel.
55. Génesis, 32:25-31.
56. «Si se hubiera aproximado más a mí –cuenta Muhammad tras un intento que tuvo de asesinato–, los ángeles lo habrían despedazado con violencia.» Muslim, 4/2.154, núm. 2.797.
57. Lo recogen Bujârî, 6/312, núm. 3.231, y Muslim, 3/1.420, núm. 1.795.
58. Un ángel "de las tropas del tercer cielo" corta con su látigo la nariz de un enemigo. Lo recoge Muslim, 3/1.384, núm. 1.763.
59. Lo recogen Bujârî, 7/407, núm. 4.117, y Muslim, 3/1.389, núm. 1.769.
60. Eliade, M. *El chamanismo y las técnicas arcaicas del éxtasis*. México: Ed. FCE., 1960, pág. 66. En Eliade, M. *Mitos, sueños y misterios*. Paraísos perdidos. Madrid, 1991, págs. 83-84 se llama a esta luz *qaumaneq*.
61. *Târîj al-Qur'ân*, págs. 108-109. *Cfr.* Yavân Arasteh, H. *Las ciencias coránicas*. Qom: Ed. Elhame Shargh, 2004, pág. 95.
62. *As-Sîra an-Nabawîya* (la vida del Profeta Muhammad) de Ibn Kazîr, según la edición de Trevor Le Gassick en en Reino Unido, ed. Garnet, 1998, vol. I, pág. 308.
63. Parece que el Profeta aprendió de su abuelo, 'Abd al-Muṭṭalib, la práctica de retirarse a la Cueva de Ḥirâ' durante el mes de Ramadán. Es curioso que tanto Ibn Hishâm como al-Maqrîçî nos digan que estos retiros los hacía Muhammad con Jadîÿa. *Cfr.* Ḥamîdul-lâh, M. *El profeta del Islam: su vida y su obra*. Traducción: 'Abdul-lâh Tous y Naŷât Labrador. Edición inédita en castellano. pág. 21.
64. Recordamos de san Juan de la Cruz «...y luego a las subidas cavernas de la piedra nos iremos, que están bien escondidas...».
65. Eliade, M. *El chamanismo y las técnicas arcaicas del éxtasis*. México: Ed. FCE., 1960, págs. 59-60, y 96.
66. Hadiz de 'Ubaid ibn 'Umair ibn Qatâda. *Cfr. As-Sîra an-Nabawîya* (la vida del Profeta Muhammad) de Ibn Kazîr, según la edición de Trevor Le Gassick en el Reino Unido, ed. Garnet, 1998, vol. I, pág. 292.
67. *As-Sîra an-Nabawîya* (la vida del Profeta Muhammad) de Ibn Kazîr, según la edición de Trevor Le Gassick en el Reino Unido, ed. Garnet, 1998, vol. I, pág. 294.

179

68. Es un hadiz que se remonta a al-'Ilyân ibn 'Âṣim: «Estábamos con el Mensajero mientras la Revelación vino a él. Cuando ocurrió, él podía ver y sus ojos permanecieron abiertos, mientras sus oídos y su corazón se habían vaciado para lo que vendría a él de parte de Al-lâh», *Cfr. As-Sîra an-Nabawîya* (la vida del Profeta Muhammad) de Ibn Kazîr, según la edición de Trevor Le Gassick en el Reino Unido, ed. Garnet, 1998, vol. I, pág. 308.

69. Eliade, M. *El chamanismo y las técnicas arcaicas del éxtasis*. México: Ed. FCE., 1960, pág. 72.

70. Literalmente, «la fiebre intensa de la Revelación».

71. Lo recoge Bujârî en su *Ṣaḥîḥ*, 1, 1.

72. Eliade, M. *Iniciaciones místicas*. Madrid: Taurus, 1975, págs. 150-152. Añade datos preciosos como que en la India se atribuía este fenómeno al despertar de la Kundalini, y por eso el vocablo sánscrito *tapas* que acabó significando "ascetismo" en su origen significaba literalmente "calor extremado". Añade, además, que en ese país también los musulmanes actuales creen que el hombre en comunicación con Dios se pone "candente".

73. En *Mitos, sueños y misterios* (Paraísos perdidos. Madrid, 1991, págs. 94-97 y 156-160). También afirma: «Estamos ante una experiencia mística muy antigua, por cuanto muchos primitivos se representan el poder mágico-religioso como "quemante" y lo expresan con términos que significan "calor" y "quemadura"».

74. Eliade, M. *El chamanismo y las técnicas arcaicas del éxtasis*. México: Ed. FCE., 1960, pág. 86.

75. Corán, 54:7.

76. Corán, 70:43.

77. Corán, 14:45.

78. Lo recoge Muslim en su *Kitâb al-fitan*, 4/2.259 núm. 2.940. La palabra *ṣûr* no significa, en realidad, "trompeta" sino "cuerno". Un cuerno horadado que aún usan los judíos en algunos de sus ritos.

79. Aunque el propio Evangelio ("Buena Nueva") tiene algo de advertencia apocalíptica. Es el mismo Jesús quien dice: «El sol se oscurecerá y la luna no dará su resplandor. Las estrellas caerán del cielo y las potencias que están en los cielos serán conmovidas...» (Mc 13, 24-25)... En los textos más tardíos del Nuevo Testamento (2 Tes) esta experiencia recibe carácteres más fuertes.

80. *Rasûlul-lâh*: Enviado de Al-lâh. El significado no es excluyente como hasta ahora se nos venía diciendo. Más que «Muhammad es su Mensajero», habría que traducir: «Muhammad es Mensajero suyo».

81. Véase cómo en el Corán queda de manifiesto que el Gran Acontecimiento no tiene por qué suceder en el futuro remoto del hombre, sino que hay una *wâqi'a* para cada uno de nosotros, tras la cual uno sigue vivo: «Cuando el Cielo estalle en pedazos [...] aquel a quien se le haya dado su libro en la derecha pronto tendrá una cuenta benévola *y volverá a su familia regocijado*» (84:7-9).

82. Lo recoge Tirmidzî, y se remonta a Aḥmad y a al-Ḥakîm. Véase *Ṣaḥîḥ al-ŷâmi'* 3/301, núm. 6.191.

83. Corán, 39:65.
84. «...A fin de hacerle idóneo para la revolución del mundo». Barón D'holbach. *Moisés, Jesús, Mahoma*. Valencia: F. Sempere y Cia editores, pág. 238.
85. Corán, 36:50.
86. Eliade, M. *El chamanismo y las técnicas arcaicas del éxtasis*. México: Ed. FCE., 1960, pág. 84.
87. Eliade, M. *El chamanismo y las técnicas arcaicas del éxtasis*. México: Ed. FCE., 1960, pág. 86.
88. Es probable que el mensaje de Jesús sufriera la misma suerte. La teóloga M. BARKER en su estudio *The Risen Lord. The Jesus of History as the Christ of Faith* (Edinburgh: Clark, 1996) interpreta la resurrección de Jesús como algo que él vivió antes de morir, empleando los métodos de ascenso divino y de renacimiento de los sacerdotes/videntes de Jerusalén. Es posible que el sepulcro vacío formara parte de una experiencia visionaria de los discípulos y no constituyese en los primeros tiempos un dogma de fe.
89. Se puede insistir en que un trabajo de idéntica naturaleza al presente podría hacerse en el cristianismo con la figura de Jesús y de sus discípulos. En el punto que ahora nos concierne, recordamos que los primeros cristianos declararon que vieron a los muertos salir de las tumbas: «Entonces el velo del Templo se rasgó en dos, de arriba abajo; la tierra tembló, las rocas se partieron, los sepulcros se abrieron y muchos cuerpos de santos que habían dormido, se levantaron; y después que él resucitó, salieron de los sepulcros, entraron en la santa ciudad y se aparecieron a muchos...» (Mt 27, 51-53).
90. El Mensajero de Al-lâh dijo: «[...] Brotarán como plantas. Todo el cuerpo del hombre será restos deshechos, excepto por un hueso: el coccix; de él regenera Al-lâh a las criaturas en el Día de la Resurrección». Lo recogen Muslim, el *Muwaṭṭa'*, Abû Dâ'ûd, an-Nasâ'î y Bujârî, y se remonta a Abû Huraira. *Cfr. Ÿâmi' al-uṣûl* 10/421, núm. 7.941.
91. Eliade, M. *Iniciaciones místicas*. Madrid: Taurus, 1975, pág. 160.
92. *Kitâb waṣf al-firdaus* (la descripción del Paraíso). Granada, 1997, pág. 115. Varios hadices comienzan de este mismo modo. Por ejemplo un hadiz que se remonta a Abû Huraira y que recoge Abû Ḥâtim en su *Saḥîḥ*, y otro que narra Anas y que recogen Bujârî, Abû Dâ'ûd y an-Nasâ'î (tal como aparece en *Ÿâmi' al-uṣûl* 11/173). También Muslim lo narra en su *Kitâb al-ÿanna*, 4/2.203 núm. 2.874.
93. Lo recoge Muslim en su *Kitâb al-ÿanna*, 4/2.199. Y también puede encontrarse en *Kitâb waṣf al-firdaus* (la descripción del Paraíso). Granada, 1997. págs. 168-169.
94. Hadiz que se remonta a Abû Ayyûb al-Anṣârî transmitido por Bujârî y Muslim. Contrastado con la versión de *Ÿâmi' al-uṣûl*, 11/172.
95. Ibn Taimîya. *Maÿmû' al-fatâwà* (24/376 y 5/525).
96. Lo recoge Muslim en su *Saḥîḥ* y se remonta a Abû Sa'id al-Judrî.
97. Maravillosa capacidad evocadora del árabe, otro de los nombres de *Ÿahannam*

181

es *hâwiya* (Abismo), que es también como se le llama a una mujer a la que se le ha muerto su hijo.

98. Eliade, M. *Iniciaciones místicas*. Madrid: Taurus, 1975, pág. 105.

99. Eliade, M. *El chamanismo y las técnicas arcaicas del éxtasis*. México: Ed. FCE., 1960, págs. 370-371.

100. Eliade, M. *El chamanismo y las técnicas arcaicas del éxtasis*. México: Ed. FCE., 1960, págs. 169-171.

101. Por ejemplo, la mujer que muere de parto, el que muere de viaje, el que fallece en una epidemia, o aquel al que mata un animal, etcétera.

102. *Hadices qudsíes*. Beirut, 1980, tomo II, núm. 343. Traducción al castellano Chakib Zugari.

103. *Hadices qudsíes*. Traducción al castellano de Chakib Zugari a partir del original editado en Beirut, 1980, tomo II, núm. 339.

104. *Kitâb wasf al-firdaus* (la descripción del Paraíso). Granada, 1997, pág. 73.

105. Eliade, M. *El chamanismo y las técnicas arcaicas del éxtasis*. México: Ed. FCE., 1960, págs. 178.

106. Eliade, M. *El chamanismo y las técnicas arcaicas del éxtasis*. México: Ed. FCE., 1960, págs. 367.

107. Eliade, M. *El chamanismo y las técnicas arcaicas del éxtasis*. México: Ed. FCE., 1960, págs. 368.

108. Eliade, M. *El chamanismo y las técnicas arcaicas del éxtasis*. México: Ed. FCE., 1960, págs. 127.

109. Como, por ejemplo, cómo una caravana que se acercaba a Meca había perdido un camello y finalmente estaba cerca de encontrarlo. *Cfr*. Haykal, M.H. *The life of Muhammad*. Estados Unidos: North American Trust Publications, 1976, pág. 147.

110. Eliade, M. *El chamanismo y las técnicas arcaicas del éxtasis*. México: Ed. FCE., 1960, págs. 85.

111. Sin embargo, el hecho de que muchos otros pueblos hayan tenido "escalas al Cielo" inclina la balanza de los más escépticos hacia la honestidad del Profeta. Porque nada deben a Jacob y a su historia las escalas celestes de los naturales de Timorlaut, Babar y las islas Leti del archipiélago índico, la escala de los toradja de las Célebres, la de los mangar del Nepal, o la que los mismos egipcios colocaban en las tumbas de los muertos para subir a los cielos (Frazer, J.G. *El folklore en el Antiguo Testamento*. Madrid: FCE., 1981, pág. 307).

112. Díez Macho, A. *Apócrifos del Antiguo Testamento*. Cristiandad. 5 vols. 1982.

113. Sâ'id Al-Andalusî. *Libro de las categorías de las naciones*. Madrid: Ed. Trotta, 2000, pág. 112-113.

114. Drioton, E. & Contenau, G. y Duchesne-Guillemin, J. *Las religiones del antiguo oriente*. Andorra: Ed. Sasall i Vall, 1958, pág. 143.

115. Con facilidad, el musulmán sinceramente interesado en el tema descubrirá decenas de tratados islámicos contra el uso de toda clase de drogas. Incluso traducidos al castellano (Véase Lozano Camara, I. *Tres tratados árabes sobre el*

cannabis indica. Agencia Española de Cooperación Internacional, Madrid: Ed. al-Andalus 92, 1990). Aparte de numerosas condenas en el Corán y el hadiz de todo lo que embriague o nuble los sentidos, disponemos de un hadiz específico sobre el tema que nos ocupa:

> En un hadiz reportado por Surâqa ibn Mâlik se cuenta que un beduino se presentó ante el Profeta, en un muy lamentable estado físico [lit. «echando espuma por los ojos»], y dijo: «¡Oh, Profeta! Tenía yo varios camellos, y se perdieron. Tras buscarlos durante cinco días, y mordido por un hambre atroz, encontré una hierba *(hashîsha)* cuyas hojas tenían cinco o seis dedos, con muescas en su parte superior, de penetrante olor y ramas rojas. Entonces comí de ella y mi mente se nubló, y ahora se me va el cuerpo, como ves, sin desearlo». El Profeta respondió: «Éste es el árbol del *çaqqûm* (una clase de hashísh), que no sacia el hambre de los que de él comen. Al-lâh los condene el día del Juicio Final» [Al-Ziriklî, *al-A'lâm*, III, pág. 80].

116.   Laenen, J.H., *Jewish Mysticism*. Londres, 2001. Traducción al castellano de Xavier Pikaza, a quien agradecemos además la enriquecedora lectura crítica del presente libro y sus sugerentes comentarios. Otras referencias al tema en *Cábala (nuevas perspectivas)* de Moshe Idel, Madrid: Ed. Sioruela, 2005. pp. 136 a 146, y p.402.

117.   ELIADE, M. *Historia de las creencias y de las ideas religiosas*. Madrid: Ed. Cristiandad, 1983, pág. 83

118.   Heroica y perspicaz defensa la que hace Eliade de la realidad de las experiencias, al margen de si suceden en el sueño o la vigilia:

> A nuestro propósito resulta indiferente que el contenido épico de tales mitos y leyendas dependa directamente de una experiencia extática real (trance de tipo chamánico) o sea una creación onírica o un producto de la imaginación en estado puro. Desde un cierto punto de vista, lo onírico y lo imaginario participan de los prestigios del éxtasis, y seguidamente se verá qué sentido debe acordarse a tal participación. Recordemos desde ahora que la psicología profunda ha reconocido a la dimensión de lo imaginario el valor de una dimensión vital, de importancia primordial para el ser humano en su totalidad. La experiencia imaginaria es constitutiva del hombre, tanto como la experiencia diurna y las actividades prácticas. Aunque la estructura de su realidad no sea homologable con las estructuras de realidades "objetivas" de la existencia práctica, el mundo de lo imaginario no es "irreal" [*Cfr*. Eliade, M. *El vuelo mágico*. Madrid: Siruela, 1995, pág. 116].

119.   *Zâd al-ma'âd*. *Cfr*. Hamîdul-Lâh, M. *El profeta del Islam: su vida y su obra*. Traducción: 'Abdul-lâh Tous y Naŷât Labrador. Edición inédita en castellano, pág. 60.

120.   Eliade, M. *El chamanismo y las técnicas arcaicas del éxtasis*. México: Ed. FCE., 1960, pág. 222.

121. El hadiz se remonta a Sa'îd ibn Manṣûr, y lo extraemos de Asín Palacios, M. *La escatología musulmana en la Divina Comedia.* Madrid: Ed. Hiperión, 1984, pág. 425.

122. Una especie de «viaje celeste de Jesús» sucede durante –lo que la tradición cristiana ha llamado– "la trasfiguración" (Mc 9:2-9), cuando conversa con Moisés y Elías.

123. Eliade, M. *Tratado de historia de las religiones.* Madrid: Ed. Cristiandad, 1981, pág. 119.

124. Eliade, M. *Tratado de historia de las religiones.* Madrid: Ed. Cristiandad, 1981, págs. 119-120.

125. La palabra "Burâq" viene de la raíz árabe B-R-Q, de la que se deriva el verbo "centellear". En una lectura más mística, menos asequible para la imaginería popular, el Profeta lo que quiso decir es que hizo su viaje montado sobre un relámpago. *Al-burâq* más que un asno con alas, es la experiencia del relámpago.

126. Eliade, M. *El chamanismo y las técnicas arcaicas del éxtasis.* México: Ed. FCE., 1960, pág. 359.

127. Eliade, M. *Tratado de historia de las religiones.* Madrid: Ed. Cristiandad, 1981, págs. 123-124.

128. La fuente es Ibn Isḥâq (pág. 264), citado en Lings, M. *Muhammad.* Madrid: Ed. Hiperión, 1989, pág. 115.

129. *Los maestros desconcertantes de al-Andalus.* Valencia: Palmart, 2006.

130. *Kitâb waṣf al-firdaus* (la descripción del Paraíso). Granada, 1997, pág. 79.

131. *Hadices qudsíes.* Beirut, 1980, tomo I, núm. 116. Traducción al castellano de Chakib Zugari.

132. González, A. & Haya, V. *Islam para ateos.* Valencia: Palmart, 2004.

133. *Kitâb waṣf al-firdaus* (la descripción del Paraíso). Granada, 1997, pág. 163.

134. Troncos de oro: Baîhaqî en *Ṣaḥîḥ al-ŷâmi' aṣ-ṣagîr* 5/150. Jardines de oro y plata: *Ŷâmi' al-uṣûl* 10/498, núm. 8.029.

135. Eliade, M. *Historia de las creencias y de las ideas religiosas.* 5 vols. Madrid: Cristiandad, 1978. Tomo IV. Epígrafe 186: «Un Paraíso Mahayanista». Pág. 397.

136. *Sîra* editada por la Asociación Musulmana de España, de N. Dinet & S. Ben Ibrâhîm. Qatar, 1990. Traducción: Yûsuf Calvo. Contrastada con la *as-Sîra an-Nabawîya* (la vida del Profeta Muhammad) de Ibn Kazîr, según la edición de Trevor Le Gassick en el Reino Unido, ed. Garnet, 1998.

137. Eliade, M. *El chamanismo y las técnicas arcaicas del éxtasis.* México: Ed. FCE., 1960, pág. 221.

138. Estudio introductorio de Arthur Jeffrey a *El árbol del universo*, de Ibn Al-'Arabî. Madrid: Ed. Sufi, 1989.

139. Lo recoge Bujârî, *Kitâb ar-riqâq* 11/416, así como Muslim, *Kitâb al-ŷanna*, 2/2.178, núm. 2.828.

140. Se recoge en *Silsilat al-aḥâdîz aṣ-ṣaḥîḥa*, 4/639, hadiz núm. 1.985

141. Corán 13:30.

142. Dieye, Cheikh Abdoulaye *Touba (signes et symboles)*. París: Editions Deggel, 1997, pág. 42.

143. Los sufíes, acostumbrados a dar extravagantes interpretaciones a qué sea "el Trono de Al-lâh", no acertarán a explicar cómo un árbol puede estar enraizado en un Trono, sea éste simbólico o sea material mobiliario. La explicación para el musulmán sencillo, al que sólo le preocupa el significado que daba Muhammad a las palabras, es sin embargo fácil: el Árbol se enraíza en el Trono, porque el Trono es la cima de un monte, el Monte Sinaí (dice la tradición más antigua), el Monte Uhud (dice una tradición posterior), sobre el que se asienta la Presencia de Al-lâh (a la que los judíos llamaban *shejiná*).

144. Bencheikh, Jamel Eddine. *Le voyage nocturne de Mahomet. Cfr*. Dieye, Cheikh Abdoulaye *Touba (signes et symboles)*. París: Editions Deggel, 1997, págs. 42-43.

145. Se recoge en *Silsilat al-ahâdîz as-sahîha*, 4/639, hadiz núm. 1.985

146. Este hadiz que se remonta a Ka'b ibn Mâlik fue recogido en el *Muwatta'* del Imâm Mâlik y *as-Sunan* de Abû Dâ'ûd. Lo respalda asimismo la autoridad de al-Albânî en *Silsilat al-ahâdîz as-sahîha*, 2/730, hadiz 995. En realidad han sido muchos los compiladores que recogieron hadices en este sentido: también Ibn Mâÿa en *Sunan* y An-Nasâ'î.

147. Cirlot, J.E. *Diccionario de símbolos*. Barcelona: Labor, 1982, pág. 350.

148. Tylor, E.B. *Animismo*. Ayuso. Madrid, 1981, pág. 100.

149. Lo recoge el *Mishkât al-masâbîh*, 2/351, núm. 3.804.

150. El nombre de "huríes", castellanización del árabe *hûr al-'ain*, "las que tienen blanco en los ojos", proviene –como toda la Revelación– de una visión de éstas: unas mujeres con las pupilas intensamente negras que contrastan sobre el blanco de unos ojos grandes. El término árabe usado, sin especial belleza literaria, es eminentemente descriptivo. Muhammad describe con prisa –a brochazos impresionistas– para no perder nada de lo que va viendo. No tiene tiempo de hacer literatura.

151. Corán, 56:25-5 y 56:37-39. También aparecen las huríes en Corán, 44:51.

152. Otro hadiz sobre el tema en Muslim, *Kitâb al-ÿanna*, 4/2.182, núm. 2.838.

153. *Kitâb wasf al-firdaus* (la descripción del Paraíso). Granada, 1997, pág. 119.

154. *Kitâb wasf al-firdaus* (la descripción del Paraíso). Granada, 1997, pág. 138.

155. *Kitâb wasf al-firdaus* (la descripción del Paraíso). Granada, 1997, pág. 116.

156. Eliade, M. *El chamanismo y las técnicas arcaicas del éxtasis*. México: Ed. FCE., 1960, pág. 79.

157. Lo recoge Baîhaqî en *Sahîh al-ÿâmi' as-sagîr* 6/125 núm. 7.069.

158. *Hadices qudsíes*. Beirut, 1980, tomo II, núm. 347. Traducción al castellano de Chakib Zugari. También en Muslim, *Kitâb al-ÿanna*, 4/2.185.

159. La *Ÿahannam* es "traída" y la *Ÿanna* "se aproxima". Los verbos que son utilizados, tanto para *Ÿahannam* como para *Ÿanna*, no dejan de responder a un planteamiento bastante original. Leemos en Muslim, *Al-Îmân*, núm. 195, un hadiz que se remonta a Hudzaifa ibn al-Yamân: «Los creyentes se levantarán hasta que el Paraíso les quede cerca».

160. *Hadices qudsíes*. Beirut, 1980, tomo II, núm. 374. Traducción al castellano de Chakib Zugari.

161. *Hadices qudsíes*. Beirut, 1980, tomo II, núm. 378. Traducción al castellano de Chakib Zugari.

162. *Hadices qudsíes*. Beirut, 1980, tomo II, núm. 378. Traducción al castellano de Chakib Zugari.

163. Eliade, M. *Mitos, sueños y misterios*. Madrid: Paraísos perdidos, 1991, pág. 83.

164. Eliade, M. *El vuelo mágico*. Madrid: Siruela, 1995, pág. 115.

165. Eliade, M. *El chamanismo y las técnicas arcaicas del éxtasis*. México: Ed. FCE., 1960, pág. 85.

166. Eliade, M. *El chamanismo y las técnicas arcaicas del éxtasis*. México: Ed. FCE., 1960, pág. 92.

167. Ad-Dîn Suyûṭî, J. *Al-Itqân fi 'ulûm al-Qur'ân*, tomo 1, pág. 141. *Cfr. El Mensaje de az-Zaqalain*, núm. 23, págs. 66-67. También citado por Rodinson (pág. 74) y por Armstrong (pág. 113).

168. *Sûrat al-baqara*, 27: *kaifa takfurûna bil-lâhi wa kuntumû amwâtan fâḥyâkum zumma yumîtukum, zumma yuḥyîkum zumma ilaihi turỹa'ûn*.

169. *Kitâb waṣf al-firdaus* (la descripción del Paraíso). Granada, 1997, pág. 164.

170. Eliade, M. *El chamanismo y las técnicas arcaicas del éxtasis*. México: Ed. FCE., 1960, pág. 45-46.

171. Eliade, M. *El chamanismo y las técnicas arcaicas del éxtasis*. México: Ed. FCE., 1960, pág. 59.

172. Bobzin, H. *Mahoma*. Madrid: Ediciones folio, S.A., 2004, pág. 127.

173. Gaudefroy-Demonbynes, M. *Mahoma*. Madrid: Akal, 1990, pág. 57.

174. Véase *infra* un extenso texto de Rodinson en «La iniciación chamánica de Muhammad» (capítulo 12).

175. Eliade, M. *El chamanismo y las técnicas arcaicas del éxtasis*. México: Ed. FCE., 1960, pág. 57.

176. Eliade, M. *Historia de las creencias y de las ideas religiosas*. Madrid: Cristiandad, 1983, pág. 79

177. Palacios, A. *La escatología musulmana en La Divina Comedia*. Madrid: Hiperión, 1987.

178. Dante. *Divina Comedia*. Canto 28 del Infierno. Barcelona: Ed. Altaya, 1999.

179. Lings, M. *Muhammad*. Madrid: Hiperión, 1989, pág. 166. Tor Andrae recuerda esta acción mágica del Profeta, si bien una falta de comprensión manifiesta –como la que tenía– de la figura del Profeta: «En todo caso, no intentó promover su poder o asegurar su posición mediante supuestos milagros. Sólo conozco dos excepciones. La una es cuando en Badr arroja un puñado de arena contra el enemigo y creyó contribuir al triunfo con esta acción mágica...». Tor Andrae tiene buen olfato como investigador para distinguir qué es magia y qué no lo es, pero no acaba de entender la inocencia del profeta Muhammad. Inocencia, incluso si algún día un biblista relaciona el gesto de Badr con el que Josué hace con la jabalina frente a los Hai (Jos 8:18), el mismo Josué ante las mu-

rallas de Jericó (Jos 6:1 y ss.), o Eliseo golpeando la tierra tres veces con unas flechas (II Re, 13:18). La mentalidad mágica está inscrita en el alma del hombre; no necesita copiarse para volverse a producir.

180. Recoge Muslim esta tradición que se remonta a al-'Abbâs. *Cfr. Mishkât al-maṣâbîḥ*, 3/172.

181. *Kitâb waṣf al-firdaus* (la descripción del Paraíso). Granada, 1997, pág. 168. El hadiz es narrado por Muslim 1/240, núm. 292, por an-Nasâ'î 4/106 y por Bujârî en el *Kitâb al-ÿanâ'iç* 3/242.

182. Bujârî, 64, 6 y 70; al-'Ainî 8, 242 y ss; al-Wâqidî, 408. *Cfr.* Gaudefroy-Dmombynes, M. *Mahoma*. Madrid: Akal, 1990, págs. 193-194.

183. Hadices narrados por 1) 'Uzmân ibn Abî l-'Âṣ, recogido en Ibn Mâÿa, vol. 2, pág. 273, núm. 2.858, 2) Ya'là ibn Murra Zaqafî, 3) 'Abdul-lâh ibn 'Abbâs, recogido en Dârimî, 4) Umm Abban bint al-Wazi' ibn Zâri' ibn Âmir al-'Abdî de la narración que le hizo su padre, y lo transmite Ṭabarânî en el libro *Maÿma' aç-çawâ'id*, vol.9, pág 2.

184. Muhammad vio a 'Â'isha en un sueño, diciéndole que sería su esposa (Lo recoge Bujârî, 9/180, núm. 5.125, y Muslim, 4/1.889, núm. 2.438) y confirmó la inminencia del Fin del Mundo cuando soñó estando en la cama con Çainab que el muro de Gog y Magog esa noche se había resquebrajado «lo que va del índice al pulgar» (Dermenghen, E. *Vida de Mahoma*. Barcelona: Lauro, 1942, pág. 223).

185. Recoge Muslim este hadiz en el que un hombre se niega a comer con la mano derecha y el Profeta lo maldice. La narración se remonta a Salama ibn al-Akua'.

186. «Entonces, él levantó sus manos, y en ese momento no veíamos ninguna nube en el cielo, pero –juro por aquel en cuyas manos está mi alma– tan pronto como bajó sus manos las nubes empezaron a formarse como si fueran montañas, y –apenas descendió del *minbar*– vi la lluvia que goteaba en su barba". Hadiz que se remonta a Anas, *Cfr.* Al-Ashqar, O.S. *Los profetas y sus mensajes*. Traducción de Muhammad 'Isa García. I.P.H. Riyadh, 2003, pág. 166.

187. Esta función de los vientos de ser "mensajeros de Dios" (*malâ'ika*) puede así mismo comprobarse en la Biblia: Salmos 104:3-4, 148:8, 18:11; II Samuel 22:11; Job 30:22.

188. Recogen Muslim y el *Mishkât al-maṣâbîḥ* este hadiz que se remonta a Ÿâbir.

189. Lo recoge Bujârî, vol. 3, pág. 28, núm. 1.144.

190. Beber de pie: al-Albânî en *Silsilat al-aḥâdîz aṣ-ṣaḥîḥa*, vol. 1, hadiz núm. 175. También fue narrado en *Maÿma' aç-çawâ'id*, vol.3, pág 79. Comer lo que se cae al suelo: Muslim, pág. 1.607, núm. 2.033.

191. Lo recogen Bujârî, vol. 6, pág. 350, y vol. 10, pág. 88, núms. 3.304 y 5.603, y Muslim, vol. 3, pág. 1.595, núm. 2.012.

192. Lo recogen el *Musnad* del Imâm Aḥmad y el *Sunan* de Abû Dâ'ûd.

193. Lo recogen Bujârî, vol. 6, pág. 339, núm. 2.296, y Muslim, vol. 1, pág. 213, núm. 238.

Notas

194. Lo recogen Muslim y Bujârî. *Cfr. Mishkât al-maṣâbîḥ*, libro I, pág. 743, núm. 2.419. También lo recoge al-Albânî en *Ṣaḥîḥ al-ŷâmi'*, vol. 1, pág. 286.
195. Lo recoge Baîhaqî en *Ṣaḥîḥ al-ŷâmi' aṣ-ṣagîr*, vol. 4, pág. 90. También fue narrado en *Irwâ al-galîl*, vol. 6, pág. 70, núm. 1.637.
196. Lo recoge Bujârî, pág. 469, núm. 3.431.
197. Lo recoge Bujârî, vol. 6, pág 548, núm. 3.423.
198. Lo recoge Muslim, vol. 1, pág. 384, núm. 541.
199. El Profeta dijo: «Existen tres clases de genios, unos que vuelan por el aire, otros que se aparecen como serpientes y perros, y otros que permanecen en distintos lugares y viajan». *Cfr. Âkâm al-marŷân*, pág. 8.
200. Lo recoge Muslim, vol. 4, pág. 2.168, núm. 2.814.
201. Si no hicieran sexo, no tendría sentido que dijera el Corán «Mujeres de recatado mirar que no fueron tocadas antes por ningún hombre ni genio» (55:55). Porque también los *ŷinn* hacen sexo con los humanos. As-Suyûṭî mencionó muchos relatos de las generaciones tempranas y de algunos sabios que apuntan a la existencia de acoplamiento sexual entre humanos y genios. Ibn Taimîya afirma: «Se sabe que se han dado matrimonios entre humanos y genios y que han tenido hijos. Pasa a menudo».
202. Lo recoge Muslim, vol. 4, pág. 1.756, núm. 2.236. El Profeta establece, no obstante, una excepción con un tipo de serpiente dañina que describió en Bujârî, vol. 6, pág. 351, núm. 3.311.
203. Lo recogen Bujârî y Muslim. El hadiz se remonta a 'Abdul-lâh ibn Mas'ûd. Ma'n ibn Abderraḥmân transmite haber oído de su padre diciendo que él preguntó a Martuq, el cual lo oyó del Profeta, sobre el *ŷinn* en la noche que ellos escucharon el Corán y que él contestó: «Tu padre ['Abdul-lâh ibn Mas'ûd] me dijo que él afirmó que un árbol se lo contó».
204. En su comentario a la *sûra* al-Aḥqâf, Ibn Kazîr relató varios *aḥâdîz* acerca de la reunión del Profeta con los genios. Podemos ver, por ejemplo, en Muslim, vol. 1, pág. 332, núm. 450. Y asimismo en *ad-Darr al-mandẓûr*, vol. 7, pág. 690.
205. Lo recoge Bujârî, vol. 7, pág. 171, núm. 3.860.
206. Lo recogen Muslim, vol. 1, pág. 332, núm. 450, y Tirmidzî, vol. 1, pág. 8, núm. 17.
207. Lo recoge Bujârî, 1/512, núm. 416.
208. Lo recoge Muslim, 1/394, núm. 567.
209. Lo recoge Baîhaqî en *Ṣaḥîḥ al-ŷâmi' aṣ-ṣagîr* 1/208, pág. 853: «Se me ha autorizado hablar de un ángel […]. El Trono reposa sobre su cuerno…».
210. El Islam de Muhammad va a integrar todo lo posible del mundo preislámico: desde el beso a la Piedra Negra a la vestimenta *(iḥrâm)* con que se iban a consultar los oráculos a la Ka'ba.
211. Lo recoge Tirmidzî, vol. 3, pág. 206, núms. 2.913 y 2.914. También Bujârî, vol. 6, pág. 339, núm. 3.294.
212. Lo recoge Muslim, 4/1.866, núm. 2.401.
213. Lo recoge *Ŷâmi' al-uṣûl* 4/171, núm. 1.968, y 2/394, núm. 2.394.

214. Este fragmento pertenece al conocido hadiz del eclipse que se remonta a 'Abdul-lâh ibn 'Abbâs y es recogido por Muslim y Bujârî. Otra versión del mismo proviene de 'Â'isha.

215. Al-Albânî lo tiene por hadiz *sahîh* en su *Silsilat al-ahâdîz as-sahîha*, núm. 852.

216. Lo recoge Bujârî a partir de lo transmitido por Abû Huraira.

217. Lo recoge Bujârî a partir de lo transmitido por Bara' ibn Azib.

218. Lo recoge Abû Dâ'ûd a partir de lo transmitido por 'Â'isha.

219. Lo recoge Bujârî a partir de lo transmitido por Anas.

220. Extraído del libro de Ibn Taimîya *Maÿmû' al-fatâwà*, vol. 19, págs. 39 y ss.

221. Otro hadiz en el mismo sentido:

> Las personas no encontrarán mejor refugio que «Me refugio en el Señor del Alba» y «Me refugio en el Señor de los Hombres» (Todos los hadices sobre el valor talismánico del Corán los encontramos en an-Nasâ'î, vol. 3, pág. 1.104-1.107, núm. 5.017 a 5.029).

222. Ibn Hassan 'Ali Shaij, A. *La inspiración del Glorioso*. Riyadh, Arabia Saudí: International Islamic Publishing House, 1984, pág 362.

223. «No hay contagios, ni malos augurios en los pájaros, ni en los búhos; tampoco existe mal agüero en viajar durante el mes de *Safar*» (Bujârî núm. 5.757, y Muslim 2.220). Otro hadiz en este sentido en Muslim (537).

224. Lo recogen Abû Dâ'ûd (3.910) y Tirmidzî (1.614).

225. Lo recoge Abû Dâ'ûd (3.920).

226. Lo recogen Ahmad (2/220) y At-Tabarânî (5/105).

227. Lo recoge Abû Dâ'ûd (3.719).

228. Lo recogen Bujârî (5.776) y Muslim (2.224).

229. Lo recoge el *Mishkât al-masâbîh*, vol. I, pág. 488, núm. 1.535.

230. Lo recogen Ahmad 4/447, Ibn Mâÿa y Mâlik. También puede leerse en *Sahîh al-ÿâmi'* 1/212 y *Çâd al-ma'âd* 4/170.

231. Lo recogen Bujârî, núm. 5.763, y Muslim, núm. 2.189.

232. Sa'id Ibn 'Alî Ibn Wahf Al-Qahtânî, *La citadelle du musulman (Rappels et invocations selon le coran et la sunnah)*. Ciudad de Medina. Arabia Saudí: Edita la Universidad Islámica de Medina, 1998, pág. 248.

233. Lo recoge Muslim, 2/634, núm. 920.

234. No es improbable que en algún momento los que están obligados a ello por vocación o profesión expliquen al público interesado en saber del Islam que el término *îmân* (mal traducido por "fe") pertenece en realidad a la familia semántica árabe de *amn* (seguridad), *amân* (promesa de seguridad), *amâna* (depósito a buen seguro), *amîn* (con el que te sientes seguro). El *îmân* es, en árabe no cristianizado, aquello que Al-lâh te da para protegerte. No defiendes una dogmática con el *îmân*, no te salvas con el *îmân*; te proteges con el *îmân*.

235. Azimabadi, B. *Authenticated miracles of Muhammad*. Delhi: Adam Publisher, 2000, pág. 40.

236. Recoge Muslim este hadiz que se remonta a Abû Huraira. *Cfr. Ÿâmi' al-usûl* 12/94.

Notas

237. Recoge Baîhaqî este hadiz que se remonta a Asmâ' bint Abî Bakr.
238. Hay una gran cantidad de hadices que muestran la relación especialísima del Profeta Muhammad con el agua. *Cfr.* Azimabadi, B. *Authenticated miracles of Muhammad.* Delhi: Adam Publisher, 2000, págs. 31 y ss.
239. Azimabadi, B. *Authenticated miracles of Muhammad.* Delhi: Adam Publisher, 2000, pág. 42.
240. Lo recoge Tirmidzî en *Kitâb al-ÿanâ'iç* 3/383. También puede leerse en *Sahîh al-ÿâmi' as-sagîr* 1/259 y *Silsilat al-ahâdîz as-sahîha,* hadiz 1.391.
241. Corán 72:9, y también lo recoge Muslim, vol. 4, pág. 1.750, núm. 2.229.
242. Se recoge en *Silsilat al-ahâdîz as-sahîha* de al-Albânî, vol. 4, pág. 439.
243. Gaudefroy-Demombynes, M. *Mahoma.* Madrid: Akal, 1990, págs. 31-42.
244. El pasaje del exorcismo de Ÿibrîl puede interpetarse como una especie de permisión celestial de dicha práctica, al modo en que en el libro bíblico de Tobías (6:8-10) un ángel le instruye en una práctica mágica. Entiéndase: En un mundo sin medicina, determinadas prácticas mágicas -que funcionan– deben ser respaldadas por la Revelación.
245. Lo recoge Muslim 4/1.718, núm. 2.186. El hadiz se remonta a Abû Sa'id.
246. El hadiz que lo avala es muy conocido. «Un día estábamos con el Mensajero de Al-lâh y un hombre vino. Vestía una ropa extremadamente blanca y lucía un cabello sumamente negro. No había ninguna señal de viaje de él aunque ninguno de nosotros lo conocía. Se sentó frente al Profeta, con sus rodillas tocando las suyas, apoyando sus manos sobre sus muslos...». Pregunta a Muhammad sobre el *Islam*, el *Îmân* y el *Ihsân*, y se marcha. Cuando se fue, el Profeta informa a sus compañeros que era Ÿibrîl y que vino a hacer esas preguntas para que los *sahâba* aprendieran.
247. Lo recoge Muslim en su *Sahîh* con el núm. 1.641.
248. Nos lo relata un hadiz de 'Â'isha: «Sabía escribir en hebreo y escribía del Evangelio lo que Al-lâh quiso que escribiera».
249. Ibn Sa'd 1,1, 58 y 61; Tabarî 1, 1.078; Ibn Hishâm 1, 75, 98, 185 y 203. *Cfr.* Gaudefroy-Demombynes, M. *Mahoma.* Madrid: Akal, 1990, pág. 55.
250. Los especialistas discuten acerca del sentido de este nombre. Es probable que esté relacionado con el griego *nómos* (ley) para aludir al Decálogo dado a Moisés.
251. Una prueba de lo que pudieron haber sido las comunidades de santones judíos en la diáspora, dedicadas a la vida contemplativa y a la curación de sus semejantes, puede verse en el estudio de la comunidad judía del Lago Mareotis, de Filón de Alejandría *Los terapeutas.* Salamanca: Sígueme, 2005.
252. En árabe coloquial, un *kâhin* cristiano es un "sacerdote" y un *kâhin* judío es un "rabino". Tal vez los *kâhin* de Arabia fueran en concreto judíos arabizados, descendientes de Kôhên (el hijo de Aarón), origen de una casta de sacerdotes para los cuales hay en el judaísmo una serie de leyes específicas por las que han de regirse. No es imposible la tesis de que estos *kahana* fueran judíos, toda vez que sabemos que el estudio de la medicina estaba incluido en el currículum

de los eruditos talmúdicos y que muchos de ellos eran asimismo médicos. Según el Talmud, el más distinguido entre ellos fue Samuel ben Abba ha-Kohen. (*Cfr.* "Magia, medicina y milagro", de Ángeles Navarro Peiró.) Arabizados o no, lo más probable es que la casta judía de los *kôhen* fueran personajes entendidos en el Talmud y dedicados a la curación en tierras de la diáspora donde ellos eran la única opción de la ciencia médica. Obsérvese que en la Biblia también se aplica el término a Melquisedec (Gen 14:18), a Putifar (Gen 41:45) y a Jethro (Ex 2:16), que no eran sacerdotes judíos. El dato del arqueológico Ugarit, donde se hablaba un primitivo idioma semítico, y también a los sacerdotes se les llamaba *khnm*, ha sido extraído de Bleeker, C.J. y Widengren, G. H. *Historia religionum*. Madrid: Ed. Cristiandad, 1973, tomo I. Cap. «La religión en la antigua siria» pág. 215.

253. Lo recoge Muslim. Traducido por Abderrahmán Muhammed Maanán. Publicado en la página *www.musulmanesandaluces.org*. Ibn Jançî nos cuenta un episodio que nos recuerda a éste pero en un contexto completamente distinto: «La gran feria del 'Uk<u>d</u>z tenía lugar en la región. Fueron allí alguna vez <u>H</u>alîma con su pupilo, y se cuenta que <u>H</u>alîma preguntó a un astrólogo adivino de la tribu Hudzail, que ejercía su oficio en la feria, que predijera el destino del niño».

254. Es cierto que no era un *kâhin*, pero hay hadices –que veremos posteriormente– en los que Muhammad encuentra un camello perdido gracias a Ÿibrîl, y otros hadices en los que interpreta sueños. Gaudefroy-Demombynes pone en evidencia a Rodinson cuando –basándose en Bujârî y en al 'Ainî– apunta: «Uno irá a preguntarle la identidad de su padre, otro el paradero de su camella extraviada». *Cfr.* Gaudefroy-Demombynes, M. *Mahoma*. Madrid: Akal, 1990, pág. 41.

255. Rodinson, M. *Mahomet*. Ed. Seouil, 1968. La traducción que aportamos es desde la versión inglesa, contrastada con la traducción castellana de ed. Península, Barna, 2002, págs. 101-102.

256. *Sîra* de Ibn Is<u>h</u>âq, 106. En al-Bujârî *Bâb al-ta'bîr* hay otra versión que indica que pudieron ser más de una las veces en que intentó quitarse la vida, pero no se relaciona con el hecho de sentir que se transformaba en un *kâhin*, sino en la sensación de abandono que sentía cuando la Revelación tardaba en volver: «El Mensajero de Al-lâh estaba angustiado y a menudo quería arrojarse desde las altas cumbres montañosas. Pero una vez que alcanzaba la cima de la montaña, para despeñarse, Ÿibrîl aparecía y decía: «Oh Muhammad, tú eres de verdad Mensajero de Al-lâh». Esto aliviaría su nerviosismo y descendía de nuevo. Y si la inspiración otra vez tardaba en venir, él volvía a sentir y a hacer lo mismo». *Cfr.* Ibn Kazîr *The life of the Prophet Muhammad (As-Sîra an-Nabawîya)*. Londres: Garnet Publishing, 1998, vol. I, págs. 279-280, y 298. La misma versión de Ibn Kazîr se recoge en la que es con toda seguridad la más popular de las narraciones actuales de la vida del Profeta en los países árabes, la de Muhammad H. Haykal, cuya traducción inglesa (*The life of Muhammad*, Esta-

dos Unidos: North American Trust Publications, 1976) ha extendido su popularidad fuera de los territorios tradicionalmente islámicos.

257. Cita de Ibn Ishâq en Andrae, T. *Muhammad*. págs. 43-44.

258. Armstrong, K. *Mahoma*. Barcelona: Tusquets, 2005, pág. 105.

259. Una detenida explicación de las características formales de la poesía coránica en Cansinos Assens, R. *Mahoma y el Koran*. Buenos Aires: Ed. Bell, 1954.

260. Andrae, T. *Mahoma*. Madrid: Alianza Editorial, 1999, págs. 27-28.

261. En el pueblo de Israel, más que seguro precedente de los *kahana*, tenemos certificado el uso de velos en los adivinos desde Ezequiel 13:17, donde se nos dice: «Pon tus ojos en las hijas de tu pueblo que profetizan a capricho suyo [...]. Hay de las que se hacen cintajos para todas las articulaciones de las manos y velos sobre la cabeza de todas las tallas para capturar a las almas».

262. Lo recoge Bujârî, 25/17; 26/10; 64/568.

263. Convendría aprovechar para recordar que según una tradición que se apoya en la autoridad de Ÿâbir, éste fue el primer versículo revelado a Muhammad. *Cfr.* Ibn Kazîr *The life of the Prophet Muhammad (As-Sîra an-Nabawîya).* Londres: Garnet Publishing, 1998, vol. I, pág. 299. Efectivamente, fue la primera revelación que no sucedió durante el sueño, ya que en la Cueva de Hirâ' «Recita con el Nombre de tu Señor» fue una experiencia onírica, como quedó demostrado en su momento.

264. Rodinson, M. *Mahoma*. Barcelona: Península, 94. pág. 132. Karen Armstrong coincide con Rodinson en la interpretación del pasaje: «Sintiéndose (Muhammad) aislado y aterrorizado, acudió instintivamente a su esposa. Arrastrándose a gatas, mientras la parte superior de su cuerpo temblaba convulsivamente, Muhammad se echó sobre el regazo de Jadîÿa. *¡Cúbreme, cúbreme!*, gritó, implorándole que le protegiera de esta presencia aterradora. Pese a su desdén por los *kahins*, que siempre se cubrían con un manto cuando pronunciaban un oráculo, Muhammad había adoptado por instinto la misma postura». *Cfr.* Armstrong, K. *Mahoma*. Barcelona: Tusquets, 2005, pág. 107.

265. *As-Sîra an-Nabawîya* (la vida del Profeta Muhammad) de Ibn Kazîr, según la edición de Trevor Le Gassick en el Reino Unido, ed. Garnet, 1998, vol. I, pág. 308. Aunque no sólo los adivinos de Israel usaban un velo. También los profetas. Sabemos que Moisés "se cubre el rostro con un velo para ocultar el resplandor que éste conservaba de la visión de Dios" (Gaudefroy-Demombynes, M. *Mahoma*. Madrid: Akal, 1990, pág. 65). También sabemos que el profeta Amós se envolvía en un manto cuando iba a profetizar. Después de Muhammad, en Arabia, además de los *kahana*, observamos la misma costumbre en los falsos profetas Tulaiha y al-Aswad.

266. Kazimirski, A. *Dictionnaire arabe-fraçais*. París: Maisonneuve, 1860, tomo primero, pág. 669.

267. Lo recoge el *Mishkât al-masâbîh*, 3/167.

269. Todas las citas se encuentran en Azimabadi, B. *Authenticated miracles of Muhammad*. Delhi: Adam Publisher, 2000.

270. Azimabadi, B. *Authenticated miracles of Muhammad.* Delhi: Adam Publisher, 2000, pág. 40.
271. Lo recoge Baîhaqî de una narración de 'Urwa.
272. Lo recogen Bujârî, 3/6, núm. 1.121, y Muslim, 4/1.927, núm. 2.479.
273. Lo recoge Bujârî en *Kitâb al-ÿanâ'iç* 3/251 a partir de lo transmitido por Samûra ibn Ÿundub.
274. Lo recoge Bujârî a partir de lo transmitido por Abû Mûsà Ash'arî.
275. Hadiz transmitido por 'Abdul-lâh ibn 'Abbâs a partir de lo transmitido por Abû Huraira.
276. Payne, R. *La espada del Islam.* Barcelona: Caralt, 1977, primera edición inglesa 1959, pág. 70.
277. *Kitâb waṣf al-firdaus* (la descripción del Paraíso). Granada, 1997, pág. 171.
278. Lo recoge Bujârî en su *Kitâb al-ÿanâ'iç*, y también Muslim en su *Kitâb al-ÿanna*, 4/2.200, núm. 2.870. Asimismo lo recogen Abû Dâ'ûd y an-Nasâ'î; véase *Ÿâmi' al-uṣûl* 11/180.

   Además de darnos una senda de salud con el Islam, el Profeta nos enseñó fórmulas para ayudarnos a librarnos nosotros mismos de las dolencias que nos aquejaban, como por ejemplo: «Pon tu mano sobre el lugar dolorido de tu cuerpo y di *bismil-lâh* [con el nombre de Al-lâh] tres veces y repite siete veces la fórmula siguiente *a'ûdzu bi-'iççati l-lâhi wa qudratihi min sharri mâ aÿidu wa uḥâdzir* [busco refugio en su poder del daño y de aquello por lo que sufro y me atemoriza]». *Cfr.* Sa'id Ibn 'Alî Ibn Wahf Al Qaḥtâni, *La citadelle du musulman (Rappels et invocations selon le Coran et la sunnah).* Ciudad de Medina. Arabia Saudí: edita la Universidad Islámica de Medina, 1998, págs. 246-247.
279. La tradición se remonta a Yaçîd ibn Abî 'Ubaid.
280. La tradición se remonta al propio 'Alî y lo confirma Sahl ibn Sa'd.
281. Este hadiz es transmitido por Ṭabarânî.
282. Lo recoge Ibn Mâÿa, vol. 2, pág. 273, núm. 2.858, y se remonta a 'Uzmân ibn Abî al-'Âṣ.
283. Lo recoge el imâm Aḥmad en su *Musnad* [4/172] y se remonta a Ya'là ibn Murra az-Zaqafî. También puede leerse en *al-Mishkât* [3/188].
284. Lo recoge Dârimî y se remonta a 'Abdul-lâh ibn 'Abbâs.
285. El hecho fue narrado por Umm Abban bint al-Wazi' ibn Zâri' ibn Âmir al-'Abdî de la narración que le hizo su padre, y lo transmite Ṭabarânî en el libro *Maÿma' aç-çawâ'id*, vol. 9, pág 2.
286. En este sentido no haría falta citar ningún hadiz, porque toda la vida de Muhammad respalda esta predisposición a hacer el bien. Pero valga éste de muestra: «Si alguno de vosotros puede ayudar y beneficiar a su hermano, entonces debe hacerlo» (Muslim, núm. 2.199).
287. Lo recoge Muslim, vol. 4, pág. 1.727, núm. 2.200. Del mismo modo, cuando preguntaron a Qatâda por la licitud de *an-Nushra* (los conjuros), contestó: «Es correcto utilizarla en este caso [impotencia en un hombre alcanzado por un he-

chizo] puesto que sólo intentan hacer el bien; no está prohibida si se trata de beneficiar» (Bujârî 10/232).

288. Lo recoge Muslim, vol. 4, pág. 1.728, núm. 2.203.

289. El hecho de las similitudes entre los *kahana* y Muhammad no ha pasado desapercibido a los arabistas. Véase, entre otros, a Andrae, T. *Mahoma*. Madrid: Alianza Editorial, 1999, págs. 27-8.

290. Cansinos Assens, R. *Mahoma y el Koran*. Buenos Aires: Ed. Bell, 1954, pág. 148.

291. Lo recoge el *Mishkât al-maṣâbîḥ*, libro XXI, cap. 2.

292. Lo recoge el *Mishkât al-maṣâbîḥ*, libro IV, cap. 1.

293. No será contradictorio, si al final resulta que los *kâhin* eran alguna especie de judíos arabizados, que, al mismo tiempo, el judaísmo condene firmemente estas prácticas. La historia del pueblo judío hace convivir ambas realidades: por una parte detesta las prácticas mágicas y por otra recurre a ellas con frecuencia. (*Cfr*. Antonio Piñero sobre "La magia en el Antiguo Testamento".) Un estudio pormenorizado y extenso sobre la condena a la magia en Deut 18:9-22 en Pikaza, X. *Dios judío, Dios cristiano*. Estella: Verbo Divino,1996. Sobre magia y religión bíblica puede verse, además: Kuemmerlin-Mclean, J. *Magic* (OT), ABD IV, 468-471; Neusner, J. (y otros), *Religion, Science and Magic: In concert and in conflict*, New York, 1989. Visión histórica del transfondo mágico en la BH: Oesterley, W.O.E. y Robinson, Th. H. *Hebrew Religion. Its Origin and Development*, SCPK, Londres 1966, 1-124; Ohler, A. *Elementi mitologici nell'AT*, Marietti, Turín, 1970; Patai, Rh. *The Hebrew Goddess*, Ktav, Filadelfia, 1967.

294. Por descontado que, en esta ocasión, el texto hebreo no usa para "adivino" el equivalente a la raíz léxica árabe K-H-N que, como hemos dicho, entre los judíos significaba "sacerdocio".

295. Hay más citas bíblicas contra la hechicería en Ezequiel 13:17 y ss., Malaquías 3:5, Jeremías 27:9, Isaías 8:19, etcétera. También la *Mishná* incluye la magia entre los crímenes más graves (Sanhedrín 7:4 y 11).

296. Nos guiamos por el excelente trabajo de Antonio Piñero sobre "La magia en el Antiguo Testamento".

297. *Kitâb waṣf al-firdaus* (la descripción del Paraíso). Granada, 1997, pág. 173.

298. Cuenta Baîhaqî en su libro *Dalâ'il an-Nubûwa* que 'Umar envió un ejército a Siria y que en cierto momento, cuando la batalla estaba casi perdida, 'Umar –que estaba en Medina– dijo: «A la montaña», y que fue entonces cuando el capitán del ejército enviado por 'Umar dio la orden de refugiarse en la montaña, derrotando a los enemigos.

299. Con toda naturalidad, las más diversas técnicas chamánicas han sido incorporadas al Islam de las cofradías suffíes. En castellano, contamos –por ejemplo– con un excelente trabajo que ilustra uno entre cientos de casos de este maridaje entre chamanismo e Islam: Lafuente Laarby, A. «Los gnawas: chamanismo islámico», *www.webislam.com*

300. Eliade, M. *Iniciaciones místicas*. Madrid: Taurus, 1975, pág. 161.

301. Cansinos Assens, R. *Mahoma y el Koran*. Buenos Aires: Ed. Bell, 1954, pág. 128: «Has de saber que cuando fui arrebatado al Paraíso, entróme en él Ÿibrîl y llevóme junto al árbol de Ṭûbà y me dio una de sus manzanas y comí y se me volvió esperma en los riñones. Y al descender luego a la tierra, dormí con Jadîÿa, la cual concibió a Fátima; así que siempre que me asaltan nostalgias del Paraíso, la beso en su boca y siento en ella el aura de la ÿanna y el aroma del árbol de Ṭûba, que es medio celestial y terrestre».

302. A pesar de que los cristianos cuentan entre los milagros de Jesús al menos con uno en el que mezcló su saliva con polvo de la tierra para hacer un barro que untó en los ojos de un ciego, la cultura neurótica que ha creado el cristianismo en Occidente cree que la saliva es una clase de excremento.

303. Lo recoge Baîhaqî en *Dalâ'il an-Nubuwwa* e Ibn 'Abd al-Barr en *Al-Istî'âb*. El hadiz se remonta a Umm 'Âṣim, la mujer de 'Utba ibn Farqad.

304. Lo recoge Ibn 'Abdul Barr en *al-Istî'âb*.

305. Lo recoge Muslim y se remonta a Asmâ' bint Abî Bakr.

306. Lo recoge Ṭabarânî esta tradición que se remonta a Abû Amama.

307. Gaudefroy-Demombynes, M. *Mahoma*. Madrid: Akal, 1990, pág. 193.

308. Lo recoge Ibn Ḥanbal 111, 321, 339; también citado por Suyûṭî. *Cfr.* Ḥamîdul-Lâh, M. *El profeta del Islam: su vida y su obra*. Traducción: 'Abdul-lâh Tous y Naÿât Labrador. Edición inédita en castellano. pág. 61.

309. Eliade, M. *Mitos, sueños y misterios*. Madrid: Paraísos perdidos, 1991, págs. 80-81.

310. Eliade, M. *El chamanismo y las técnicas arcaicas del éxtasis*. México: Ed. FCE., 1960, pág. 42.

311. Gaudefroy-Demombynes, M. *Mahoma*. Madrid: Akal, 1990, pág. 59.

312. Ḥamîdul-Lâh, M. *El profeta del Islam: su vida y su obra*. Traducción: 'Abdul-lâh Tous y Naÿât Labrador. Edición inédita en castellano. pág. 7.

313. Nelson, J.E. *Más allá de la dualidad* (Integrando el espíritu en nuestra comprensión de la enfermedad mental). Barcelona: Ed. Liebre de marzo, 2000.

314. Massignon, L. *Ensayo sobre el léxico técnico de la mística musulmana*, pág. 122. *Cfr.* Dermenghen, E. *Vida de Mahoma*. Barcelona: Lauro, 1942, pág. 211.

315. Dermenghen, E. *Vida de Mahoma*. Barcelona: Lauro, 1942, pág. 212.

316. Frigola, C. *La inmaculada decepción*. Barcelona: Ed. Olañeta, 1980.

317. El libro de Pastoret, Cl. M. *Compendio histórico de la vida del falso profeta Mahoma*. Madrid, 1788, esconde en realidad a un autor que disimula entre insultos su amor por el Islam y su sincera intención de expandirlo.

318. Bey. E. *Mahoma. Su vida. Nacimiento del Islam*. Madrid: Editora Nacional, 1942, pág. 95.

319. Aandrae, T. *Mahoma*. Madrid: Allianza Editorial, 1999, pág. 49.

320. Rodinson, M. *Mahomet*. Ed. Seouil, 1968. La traducción que aportamos es desde la versión inglesa, contrastada con la traducción castellana en Barcelona de ed. Península, 2002, págs. 101-102.

Notas

321. Eliade, M. *El chamanismo y las técnicas arcaicas del éxtasis*. México: Ed. FCE., 1960. pág. 30. En *Iniciaciones místicas* (Madrid: Taurus, 1975, pág. 154) insiste en la misma idea: «El extraño comportamiento de los futuros chamanes no ha cesado de llamar la atención de los investigadores, y ya desde mediados del siglo pasado se intentó explicar el fenómeno del chamanismo como una enfermedad mental. Esto era plantear mal el problema. No es exacto que los chamanes sean o tengan que ser siempre neurópatas; en segundo lugar, todos aquellos que estaban ya enfermos *únicamente llegaron a ser chamanes por haber conseguido sanar*. En Siberia, cuando la vocación chamánica se revela a través de una enfermedad cualquiera o de un ataque epiléptico, la iniciación equivale a la curación».

322. «At-Tâ'if era entonces, igual que ahora, un oasis maravilloso y fértil a orillas del desierto, cuajado de manzanos, melocotoneros y viñedos.» Payne, R. *La espada del Islam*. Barcelona: Caralt, 1977. Primera edición inglesa 1959. pág. 23.

323. La descripción del trono de oro y esmeraldas del Rey, las salas de mármol, ónice, plata y oro que se van recorriendo, las doncellas que halagan al huésped, el vino que en lugar de emborrachar tenía la virtud de devolver la salud..., todos estos elementos están ya en la epopeya de 'Antar. Afortunadamente, podemos leer en castellano una versión resumida de los diez volúmenes de las proezas de 'Antar, el héroe de Muhammad cuando niño, un personaje histórico que dedicó su vida al amor y a la guerra. Aun siendo entre árabes 'Antar negro, bastardo y esclavo, la importancia de sus hechos llegó a ser tal que fue el único personaje histórico de quien dijo Muhammad que le gustaría haberlo conocido en persona. *Cfr*. Rouger, G. *Las aventuras de 'Antar*. Palma de Mallorca: Olañeta, 1988.

324. Y parece ser que el primo del Profeta, Ibn 'Abbâs, tenía acceso a estos sermones de san Efrén (según Dermenghen, E. *Vida de Mahoma*. Barcelona: Lauro, 1942, pág. 106). El dato de las visiones paradisíacas de san Efrén se debe a Hubert Grimme (*Cfr*. Rodinson, M. *Mahoma*. Barcelona: Península, 2002, pág. 346).

325. Su delicadeza al tratar a los animales y al manipular los objetos, su finura de olfato, la necesidad de silencio en torno a él, el odio que tiene al ruido y a las conversaciones banales, su introversión, su hablar pausado, su tranquilidad, esa "psicología felina" de que nos habla Cansinos Assens, dan cuenta de una hipersensibilidad que cuando se alteraba le producía fuertes dolores de cabeza. *Cfr*. Cansinos Assens, R. *Mahoma y el Koran*. Buenos Aires: Ed. Bell, 1954, pág. 127.

326. Todo *Islam para ateos* (Palmart, Valencia, 2004) no es más que una explicación de esta primera parte de la *shahâda*: *lâ ilâha il-lâ l-lâh* (No hay dioses, sólo Al-lâh).

327. Carlyle no leía el Corán en árabe. Cansinos Assens, traductor del Corán y de *Las mil y una noches* al castellano, opinaba, por el contrario, que el Corán era uno de los monumentos literarios de la humanidad.

328. Carlyle, T. *Los héroes*. Madrid: Ed. Sarpe, 1985, págs. 69-99.
329. Muhammad no es sólo un huérfano; es el paradigma mismo de la orfandad. Su padre murió unas semanas antes de nacer él. Es dado en seguida a una nodriza que lo cría, pero la hipersensibilidad nerviosa del niño la amedrenta y se lo devuelve a su madre al cabo de cinco años. Sólo un año después muere su madre; dicen que nunca pasó –en el curso de sus expediciones– por Abwa', donde se enterró el cuerpo de su madre, sin echarse a llorar. Entonces es dado a la tutela de su abuelo. Dos años después muere su abuelo; en las fuentes se recordará cómo con sólo ocho años Muhammad iba detrás del cuerpo de su abuelo llorando por las callejas de Meca. Así pasó su infancia de mano en mano. Ya de adulto, tendrá que vivir el desprecio dentro de su propia tribu, el exilio de su ciudad, la muerte del que validó la Revelación (Waraqa); la muerte de la primera mujer que amó, que fue también la primera persona que aceptó el Islam (Jadîÿa) todas las formas, en resumen, de la orfandad.
330. Muchas de las costumbres de estos árabes preislámicos las recoge Cansinos Assens en *Mahoma y el Koran* (Buenos Aires: Ed. Bell, 1954): Mataban a las hijas, consideraban de mal agüero sentar a su mesa a individuos pobres o defectuosos, hablaban a gritos, entraban en las casas sin anunciarse, tras las circunvalaciones a la Ka'ba accedían por las ventanas a sus propias casas, etcétera.
331. H̱amîdul-Lâh, M. *El profeta del Islam: su vida y su obra*. Traducción: 'Abdullâh Tous y Naÿât Labrador. Edición inédita en castellano, págs. 2-4: «Parece ser que la salud del niño era siempre muy delicada. Cada vez que iba a Meca, con la nodriza, para ver a su madre y a su abuelo, acusaba el cambio de aire, por esta razón se dice que la duración de su estancia con la nodriza se prolongó bastante más de lo ordinario […]. A la edad de siete años estuvo enfermo de los ojos y los "médicos" de Meca no podían curarlo. Se cuenta que 'Abd al-Mu̱ṯtalib se dirigió entonces al lugar donde vivía un religioso cristiano, cerca de 'Ukâq; allí dicho religioso le mandó un tratamiento que le fue muy bien».
332. Corbin, H. *La imaginación creadora*. Barcelona: Ed. Destino, 1993, pág. 315.
333. Shaij Nâsir cita este hadiz, que tiene por s̱aḥîḥ, en *Silsilat al-aḥâdîz as̱-s̱aḥîḥa*, 4/568, hadiz núm. 1.930.
334. Abrevadero de camellos sedientos: *Silsilat al-aḥâdîz as̱-s̱aḥîḥa*, 4/273, hadiz núm. 1.698. Pájaros con cuellos de camellos: recogido en Aḥmad una tradición que se remonta a Anas.
335. *S̱aḥîḥ al-ÿâmi'*, vol. 1, pág. 384 (El hadiz se remonta a Abû Dâ'ûd). A la muerte del Profeta, cuando son muchos los que abandonan su pacto de lealtad al Islam, 'Â'isha va a expresar con la misma sencillez poética cómo se sienten los musulmanes: «como un rebaño de corderos mojados por la lluvia de una noche de invierno».
336. Para un tratamiento más completo de la cuestión, véase el artículo de Abdelmumin Aya "Amor a Al-lâh: el falso horizonte de la mística islámica", *www.webislam.com*, hemeroteca números 200 a) y 200 b).

Notas

337. 'Abdul-lâh ibn Salama, el sabio de los judíos de Medina, salió con la gente a observar el rostro del Mensajero de Al-lâh. Luego dijo: «Cuando vi su rostro supe que ese no era el rostro de un mentiroso». (Hadiz relatado por Aḥmad en su *Musnad* i Tirmidzî en su libro *Sunan*.) Al cabo de siglos de desconfianzas entre los arabistas occidentales, Émile Demenghen se ha decantado por la sinceridad del Profeta: «Hoy, su sinceridad no puede ser puesta en duda [...]. Ni por un instante se le ocurrió preguntarse si acomodando sus palabras a la mentalidad de sus contemporáneos no tendría mayores posibilidades de convencerles. Si arrastra a los hombres, no es seduciéndoles con facilidad sino presentándoles en todo su rigor su luminoso mensaje, cortante y rectilíneo como una espada» (Dermenghen, E. *Vida de Mahoma*. Barcelona: Lauro, 1942, pág. 210).

338. Al menos, las compilaciones de hadices universalmente reconocidas entre los musulmanes: Bujârî, Muslim, Tirmidzî, Abû Dâ'ud, an-Nasâ'î e Mâÿa.

339. Hadices citados en Muslim 3/1.458 núm. 1.827; Bujârî *Libro del ÿihâd* 6:20; Sheij Naser en los hadices de *at-taḥâwîa,* 470; Muslim 4/2.180, núm. 2.835; Bujârî, vol 2, pág. 48, núm. 806, y también 1.222, 1.231, 1.234, 3.285, que asimismo recoge Muslim en su vol. 1, pág. 290, núm. 389; Cuenta Anas ibn Malik en *Silsilat al-aḥâdîz aṣ-ṣaḥîḥa,* 4/245, hadiz núm. 1.679; Baîhaqî en *Ṣaḥîḥ al ÿâmi' aṣ-ṣagîr* 5/229 núm. 5.843; Muslim, *Kitâb al ÿanna,* 4/2.189; *Mishkât al-maṣâbîḥ,* 3/56; y Bujârî 3/206, núm. 1.339, también narrado por Muslim 4/1.843, núm. 2.373.

340. Lo recoge Bujârî en su *Saḥîh,* 1,1.

341. Lo recoge Bujârî en su *Saḥîh,* 1,1.

342. Lo recoge Bujârî en su *Saḥîh,* 1,1.

343. Lo recoge Bujârî en su *Saḥîh,* 8,12.

344. Lo recoge Bujârî en su *Saḥîh,* 8,12.

345. Otras versiones menos truculentas del pasaje también recogidas en *As-Sîra an-Nabawîya* (la vida del Profeta Muhammad) de Ibn Kazîr, según la edición de Trevor Le Gassick en el Reino Unido, en ed. Garnet, 1998, vol. I, pág. 308. Cita Ibn Sa'd en I, 1,132: «Yo vi cómo le sobrevenía la Revelación al Mensajero de Al-lâh cuando montaba en camello. El animal relinchó y sus patas resbalaron de lado, tanto que yo creí que se derrengaría bajo el peso de la Revelación. Ya se doblaba sobre la rodilla, ya trataba de levantarse, apoyando los pies en el suelo».

346. *As-Sîra an-Nabawîya* (la vida del Profeta Muhammad) de Ibn Kazîr, según la edición de Trevor Le Gassick en el Reino Unido, en ed. Garnet, 1998, vol. I, pág. 307.

347. Lo recoge Muslim en su *Saḥîh,* 27,5.

348. Versión de Abdulfazl Rashidoddin Meybodi (siglo XII) basada en hadices del Profeta.